选择济南 共赢未来

就业
是民生之本

JIUYE
SHI MINSHENGZHIBEN

主编 窦进科

山东城市出版传媒集团·济南出版社

图书在版编目(CIP)数据

就业是民生之本/窦进科主编. —济南：济南出版社，2021.6

（选择济南　共赢未来）

ISBN 978-7-5488-4709-0

Ⅰ.①就… Ⅱ.①窦… Ⅲ.①就业—研究—济南 Ⅳ.①F249.275.21

中国版本图书馆 CIP 数据核字（2021）第 109962 号

选择济南　共赢未来

——就业是民生之本

主　　编	窦进科
出 版 人	崔　刚
责任编辑	林小溪
装帧设计	张　倩　刘梦诗
出版发行	济南出版社
地　　址	济南市二环南路 1 号
邮　　编	250002
印　　刷	肥城新华印刷有限公司
成品尺寸	170mm×240mm　16 开
印　　张	12
字　　数	143 千
版　　次	2021 年 6 月第 1 版
印　　次	2021 年 6 月第 1 次印刷
定　　价	56.00 元

（如有倒页、缺页、白页，请直接与出版社联系调换。联系电话:0531-86131736）

编委会

主　编 窦进科
副主编 金鲁峰　张　弛　张良红
　　　　　晋鸿敏　韩　超

序

在"十四五"开局之年、山东全面开启新时代现代化强省建设新征程之际,济南市公共就业服务中心窦进科等同志牵头,组织我省就业创业服务工作者编写的"选择济南 共赢未来"丛书正式出版,这是全面落实党的十九届五中全会精神、山东省委十一届十二次全体会议的具体措施,也是做好"六稳"工作、落实"六保"任务成果的集中体现。我由衷地对本丛书的出版表示祝贺,向本书的编写者、出版者为山东就业创业工作付出的努力表示感谢!

青年是党和国家宝贵的人力资源。习近平总书记对青年大学生给予厚望,勉励当代大学生志存高远、脚踏实地,要求各级各部门切实做好以高校毕业生为重点的青年就业工作。济南市高校集聚,青年大学生资源丰富,更好地促进青年大学生就业创业,济南市的任务艰巨、使命光荣,更需要把青年大学生就业创业作为就业创业工作的首要任务,综合施策,促进青年大学生更加充分更高质量就业创业。

近年来,济南市就业创业服务一直走在全省前列,创造了

"温暖人社"服务品牌。面对新时期青年大学生的多元化就业需求，济南市更要秉承以人为本的服务理念，通过构建覆盖在校期、求职期、就业期、创业期不同阶段的全方位服务举措，聚焦青年大学生求职创业需求需要和关心关注的问题，打造"全谱系、细分化"的青年大学生就业创业服务链，实现广大青年大学生的立业、兴业、乐业。

"选择济南 共赢未来"丛书，聚焦青年大学生的就业与创业两大时代课题，分别以"就业是民生之本""创业是发展之源"为主题，深入解读了新时期济南市青年大学生就业创业工作理论研究成果，全面介绍了新时期济南市促进青年大学生就业创业的政策措施，重点展现了新时期济南市青年大学生就业创业的典型案例。这既是一套深入浅出的培训教科书，又是一套图文并茂的职业指导书，还是一套简明扼要的政策宣讲书。它的付梓出版，直击热点，着眼现实，恰逢其时，很有意义。

是为序。

山东省人力资源和社会保障厅

党组副书记、副厅长，一级巡视员

2021 年 3 月

目 录

第一章 就业是最大的民生 / 1

第一节 就业与就业理论 / 3
第二节 职业与职业演变 / 20
第三节 专业与职业 / 27

第二章 我国当前的就业形势 / 31

第一节 我国当前的宏观就业形势 / 33
第二节 当前的宏观就业政策 / 42
第三节 经济下行和技术进步背景下的中国就业 / 48
第四节 统筹疫情防控和经济社会发展条件下的济南就业 / 51

第三章　济南，一座温暖有力的城 / 57

第一节　济南市概况 / 59

第二节　济南欢迎你 / 64

第三节　济南十大千亿产业人才需求分析报告 / 66

第四节　招引学子逐梦济南，打造就业之都 / 76

第四章　济南市就业政策 / 81

第一节　就业政策部分（十一项）/ 83

第二节　人才政策部分（十九项）/ 93

第五章　大学生职业生涯规划 / 103

第一节　大学生职业生涯规划概述 / 105

第二节　大学生该如何进行职业生涯规划 / 113

第三节　大学期间如何实现职业生涯规划 / 122

第六章　大学生求职技巧 / 127

第一节　如何制作简历 / 129

第二节　如何写求职信 / 140

第三节　获取招聘信息的渠道 / 143

第四节　面试技巧 / 146

第七章　大学生职业素养培养 / 163

第一节　职业素养的基本概念 / 165

第二节　大学生应具备的职业素养 / 169

编后记 / 181

第一章

就业是最大的民生

从世界范围来看，就业事关各国经济社会发展。同时，就业是民生之本，事关每个劳动者及其家庭的生存。就业还是劳动者通过劳动满足参与社会的需求，成为融入社会、共享社会发展成果的基本条件。就业是安国之策，关系到社会稳定的大局，是各国经济社会发展的优先目标。为此，所有劳动力市场政策、制度、法律调整的首要目的都是保障劳动者获得就业机会的权利，同时维持劳动者体面就业。

第一节 就业与就业理论

一、什么是就业

就业，是指具有劳动能力的公民在法定劳动年龄内自愿从事有一定劳动报酬或经营收入的社会劳动。就业具有以下特征：

第一，就业的主体具有特定性。就业的主体必须是具有劳动权利能力和劳动行为能力的公民。我国劳动法规定，年满16周岁的公民才具有劳动就业的资格。

第二，就业必须是公民自愿的。就业是公民的一种权利，这种权利的实现必须要求劳动者主观上有求职的意愿。

第三，就业必须是一种能够为社会创造财富或有益于社会的劳动，即就业要求劳动者必须从事法律允许的劳动，这是劳动者的劳动是否得到社会承认和法律保护的客观依据。

第四，就业必须使劳动者能够获得一定的劳动报酬或经营收入。

二、就业的法律基础

（一）《中华人民共和国就业促进法》

这是为为促进就业，促进经济发展与扩大就业相协调，促进社会和谐稳定而制定的法律，在2007年8月30日第十届全国人民代表大会常务委员会第二十九次会议上通过，自2008年1月1日起施行。

（二）《山东省就业促进条例》

为促进就业，推进经济发展与扩大就业相协调，促进社会和谐稳定，根据《中华人民共和国就业促进法》等法律法规，结合山东省实际制定本条例。条例由山东省人民代表大会常务委员会于2004年4月2日山东省第十届人民代表大会常务委员会第七次会议通过，2009年11月28日山东省第十一届人民代表大会常务委员会第十四次会议修订颁布，自2010年1月1日起施行。

三、就业的基本原则

（一）国家促进就业原则

国家促进就业的措施主要如下：

第一，国家通过促进经济发展，创造就业条件，增加就业机会。

第二，国家采取一系列措施鼓励企业、事业单位、社会团体等在法律法规允许的范围内兴办产业或者拓展经营，以增加就业机会。

第三，国家支持劳动者自谋职业。

第四，国家建立和健全劳动就业的服务体系。

（二）平等就业和双向选择原则

劳动者享有平等获得就业机会的权利。它具体包括两个方面的内容：方面是就业资格的平等，即劳动者的就业资格是平等的，不因民族、种族、性别、宗教信仰不同而受歧视；另一方面是就业能力衡量尺度的平衡，即社会对公民的劳动行为能力要以统一标准进行衡量。

（三）照顾特殊群体就业原则

照顾特殊群体就业原则主要就是为特殊群体提供特殊就业保障。特殊就业保障的对象包括妇女、残疾人、退役军人和少数民族人员。《中华人民共和国劳动法》第十三条规定："妇女享有与男子平等的就业权利。在录用职工时，除国家规定的不适合妇女的工种或者岗位外，不得以性别为由拒绝录用妇女或者提高对妇女的录用标准。"第十四条规定："残疾人、少数民族人员、退出现役的军人的就业，法律、法规有特别规定的，从其规定。"

四、为什么就业是民生之本

就业是民生之本，是人民生存和生活的根本。也就是说，就业是人民群众获得收入、维持生计和进一步改善物质、精神生活的基本途径。对于老百姓来说，就业和收入是画等号的。只有就业，才有工作，才能获得稳定收入，才能维持生计，进而改善物质和精神生活。

然而近年来，人们普遍感到找工作的难度越来越大，即使是本科、研究生毕业，或者是海外留学归来，找一份称心如意的工作也并非易事。究其原因，是我国城镇新增劳动力就业、失业人员再就业和农村富余劳动力转移就业、大学生就业等问题的涌现，使本来就存在的就业困难更加突出。加之企业改制减少用工，采用高新技术，进城农民工日益增多等原因，进一步增加了就业压力。因此，千方百计地促进就业，是党和政府的重要职责。各级党委和政府必须予以高度重视，必须始终把保障就业作为解决民生问题的重中之重，多措并举，尽最大努力扩大就业，解决广大民众的生计问题，提升人民群众的幸福感和获得感。

五、什么是就业优先战略

实施就业优先战略，就是要把促进就业放在经济社会发展的优先位置并作为经济社会发展的优先目标，选择有利于扩大就业的经济社会发展优先战略，强化政府责任，加大资金投入和政策支持，使就业优先成为全社会的思想共识、决策导向、行动自觉。

以人民为中心的发展思想为就业优先战略注入了新内涵。它要求把实施就业优先战略与稳增长、促改革、调结构、惠民生紧密结合起来，让市场在人力资源配置中发挥决定性作用，保持劳动力市场的灵活性；同时更好地发挥政府作用，加强劳动力市场制度建设，加大就业支持力度，统筹推进就业岗位创造和就业质量提高。

六、什么是积极的就业政策

积极的就业政策,就是要根据就业形势和就业工作重点的变化,及时充实和完善各项就业政策,加强就业政策与产业、贸易、财政、税收、金融等政策措施的协调,加大公共财政对促进就业的资金投入,完善财税金融扶持政策,着力扶持发展吸纳就业能力强的现代服务业、战略性新兴产业、劳动密集型企业和小型微型企业。

当前及今后一个时期,我国的就业形势依然十分严峻,就业任务依然十分艰巨。为切实解决好就业这个重大民生问题,党的十八大报告明确提出,要实施就业优先战略和更加积极的就业政策,推动实现更高质量的就业,并将就业更加充分作为全面建成小康社会的重要目标,进一步明确了促进就业的方针政策和重大举措。

党的十八大报告进一步充实和完善了我国的就业方针,在坚持劳动者自主就业、市场调节就业、政府促进就业的基础上,第一次将鼓励创业纳入就业方针,并强调引导劳动者转变就业观念,鼓励多渠道、多形式就业,促进创业带动就业。新的就业方针明确了劳动者、市场、政府在促进就业中应发挥的作用。

自主就业体现了劳动者在就业中的主体地位和自主选择就

业的权利；市场机制在人力资源配置中发挥基础性作用，是调节就业的基础平台；政府则通过制定就业扶持政策、提供公共就业服务，发挥促进就业的作用；创业带动就业效果显著，需要采取鼓励创业的财税金融等扶持政策，加强创业培训和服务。

七、什么是更高质量的就业

从宏观层面讲，更高质量的就业主要体现在五个方面。一是就业机会更加充分，劳动力资源的供给和需求在总量上趋于平衡；二是就业环境更加优良，劳动者的就业机会增多，更加公平地享有获得劳动报酬、福利等权利；三是就业结构更加合理，劳动者的构成更加全面、协调，劳动力资源的供给结构适应经济社会发展的需要；四是劳动者素质进一步提升，就业能力进一步提高，更加适应产业结构转型带来的新要求；五是劳动关系更加和谐，劳动者的报酬、社会保障、休假、劳动争议能够通过有效的途径得以保障和解决，就业稳定性进一步增强。

从微观层面讲，更高质量的就业主要体现在四个方面。一是劳动者通过更高质量的就业获取的劳动报酬更趋合理，劳动收入可以更好地满足自身和家庭成员的生活和发展需要；二是有就业能力的劳动者通过就业融入社会，共享经济社会

发展成果；三是劳动者通过就业获得自身发展的机会；四是劳动者通过人岗相适的就业岗位而更有尊严，自身的劳动成果得到更好的认可，自身的价值得到更好的实现，劳动过程更加愉悦，劳动者的工作满意度得到提高。

八、创业是扩大就业的发动机

所谓创业，又称自主创业，是指劳动者主要依靠自己的资本、信息、技术、经验以及其他因素自己创办实业，解决就业问题。

创业是劳动者通过自主创办生产服务项目、企业或从事个体经营实现市场就业的重要形式。创业是扩大就业的发动机。劳动者通过创业，在实现自身就业的同时，吸纳带动更多劳动者就业，促进了社会就业的增加。创业对就业具有倍增效应。

九、高校毕业生的就业渠道

第一，就业协议就业。通过学校与用人单位签订就业协议书，领取就业报到证，到用人单位就业。

第二，劳动合同就业。与不负责管理人事档案及落户手续的用人单位以签订劳动合同等形式确定劳资关系的，通过各级政府人才交流机构进行人事代理。

第三，定向、委培毕业生回原定向、委培单位就业。

第四，以灵活就业方式就业。灵活就业是指通过非全日制、临时性和弹性工作等灵活形式就业的人员，如自由撰稿人、微商、家庭小时工、街头小贩等。

第五，创业，指独自或参与创立小微企业、个体工商户。

第六，升学，包括专升本、读研读博等。

第七，出国、出境留学工作。

第八，毕业生参加国家、地方项目就业。

十、常见的用工方式

根据《中华人民共和国劳动法》和《中华人民共和国劳动合同法》，用人单位的用工方式包含全日制式、非全日制式和劳务派遣式等形式。

（一）全日制式用工方式

全日制用工方式规定了劳动者需要在单位工作的劳动时间和劳动期限，需要双方签订劳动合同。这种是目前世界上大

多数用人单位采用的用工方式。采用全日制用工方式可以为用人单位和劳动者创造稳定的职业预期，有利于用人单位投入资源开展人才培养、采取措施调动员工积极性、保障劳动者权益，也有利于劳动者充分发挥个人能力、提升个人素养和收益。

全日制用工方式有固定期限用工、无固定期限用工和以完成一定工作任务为期限的用工三种方式。固定期限用工比较常见，而随着市场经济的发展，以完成一定工作任务为期限的用工模式也越来越普遍。

在用全日制用工方式的用人单位中，国家党政机关和事业单位涉及编制。对大学生而言，找工作时应该关注编制的问题。由于机关事业单位人员的工资和福利多来自财政拨款，而财政部门拨款的依据就是单位编制的多少。因此在很多情况下，有编制员工和无编制员工在福利待遇、职称评聘、职级晋升等方面存在较大差别。随着市场经济的发展，推进人才合理流动的呼声越来越高，编制用工转为合同用工的趋势也愈加强烈。目前，国有企业已经基本实现了合同用工，高校等事业单位人事制度改革也越来越深入，所谓编制内与编制外的区别逐渐被淡化。当然，对于要到党政机关和事业单位就业的大学生而言，编制仍然是一个非常重要的问题。

（二）非全日制式用工方式

非全日制用工方式主要指临时或者兼职的工作，以小时计酬为主，如节假日商场里面的临时促销员、小微企业聘用的兼职会计等。非全日制用工方式可以订立口头协议。劳动者可以与一个或者一个以上的用人单位订立劳动合同，但后订立的劳动合同不得影响先订立的劳动合同的履行。用工双方当事人的任何一方都可以随时通知对方终止用工；如终止用工，用人单位不向劳动者支付经济补偿。

（三）劳务派遣式用工方式

虽然劳务派遣一般是在临时性、辅助性或者替代性的工作岗位上实施，但大学生在求职时，也会经常遇到这种用工方式。劳务派遣是指由劳务派遣单位与劳动者订立劳动合同，而劳动者被派到用工单位从事某项工作的特殊的用工方式。劳务派遣单位、劳动者和用人单位之间的关系如下图所示。

需要特别注意的是，在法律关系上，是由劳务派遣单位履行用人单位对劳动者的义务；而实际用人单位没有和劳动者发生法律上的劳动关系，不签订劳动合同。部分实际用人单位为了规避用人风险通常会采取劳务派遣的用工方式。

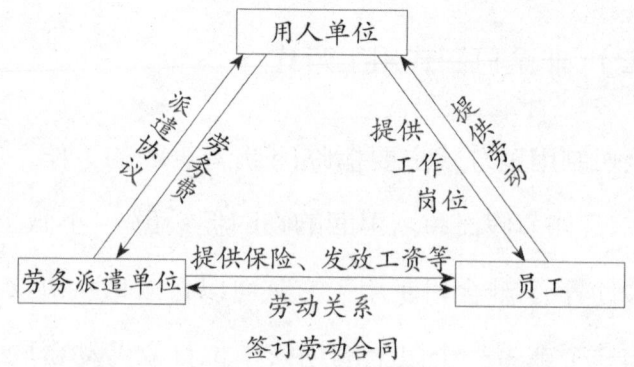

（四）针对高校毕业生的特殊用工方式

为了促进大学生就业，国家通过购买基层公共管理和社会服务的方式，针对大学生群体开发了很多特殊的工作岗位，统筹实施基层服务项目，落实学费代偿、资金补贴、税费减免等扶持政策，进一步引导和鼓励高校毕业生到城乡基层、中西部地区、中小微企业就业，切实做好高校毕业生就业工作。大学生可以在本校就业工作部门（一般为就业创业指导中心）的官方网站或教育部、人社部的官方网站查询相关的具体政策。以下选取几种形式做简要介绍。

1. 中央基层项目

（1）大学生村官。为建设社会主义新农村，实现全面建成小康社会的宏伟目标，从 2008 年起，国家开展了选聘高校毕业生到村任职工作，俗称大学生村官选聘。这项工作一般每年集中开展一次，高校毕业生的服务期为 3~5 年。

（2）农村教师特岗计划。这是中央针对西部地区农村义务教育实施的一项特殊政策，通过公开招聘高校毕业生到西部地区县以下农村学校任教，引导和鼓励高校毕业生从事农村义务教育工作，逐步解决农村师资总量不足和结构不合理等问题，提高农村教师队伍的整体素质。特设岗位教师聘期3年，符合相应条件要求的特设岗位教师，可按规定推荐免试攻读教育硕士。

（3）三支一扶。这指大学生在毕业后到农村基层从事支农、支医、支教和扶贫工作。该项目从2005年开始，每年招募2万名左右的高校毕业生，主要安排在乡镇开展工作，时间一般为2~3年，工作期间给予毕业生一定的生活补贴。

（4）大学生志愿服务西部计划。从2003年开始实施，按照公开招募、自愿报名、组织选拔、集中派遣的方式，每年招募一定数量的普通高等学校应届毕业生或在读研究生，到西部基层开展为期1~3年的教育、卫生、农技、扶贫等志愿服务。

（5）农技特岗计划。这是指国家每年招募一批普通高等学校应届毕业生，到乡镇或区域性农业技术推广机构从事为期两三年的农业技术推广、动植物疫病防控、农产品质量安全服务等工作。

对参加以上中央基层项目就业的毕业生，国家出台了很多工作和职后保障政策，他们可以在工资收入、生活补贴、

社会保险、国家助学贷款代偿和学费补偿、公务员招考、户口解决、考研加分和同等条件下优先录取、定向招录、工龄计算等方面享受优惠政策。上述项目在各个省市的优惠政策可能存在一定差异,大学生可以自行查看招录公告或到学校就业部门咨询。

2. 大学生征兵

大学生征兵是指部队每年从应届大学毕业生中招收义务兵。高校学生参军入伍,既是新形势下加强国防和军队现代化建设、依托国民教育为部队培养输送高素质人才的必然要求,也是发挥军队资源优势、促进青年学生成长成材的重要举措。

十一、为什么就业是"六稳"之首

就业事关人民群众切身利益。就业大幅波动不仅会影响老百姓的生活,还可能影响国家发展大局和社会和谐稳定。近年来,党中央、国务院始终把就业工作摆在突出位置。习近平总书记高度重视就业问题,反复强调"就业是民生之本","就业是最大的民生工程、民心工程、根基工程"。党的十九届四中全会明确提出,健全有利于更充分、更高质量就业的促进机制。这些都表明党中央对就业这一民生问题的高度关切。

就业是最大的民生,是发展的优先目标,更是社会的稳定器。在经济运行稳中有变、经济下行压力有所增大、不确定不稳定因素增多的情况下,稳就业的重要意义不言而喻。就业关乎社会大局,既是经济发展的"晴雨表",又是社会稳定的"压舱石"。对千千万万的普通职工而言,就业状况是自身感受国民经济冷暖最贴身的"尺度"。在我们这样一个人口众多的国度,就业既是经济问题,也是社会问题、政治问题。保障社会就业的良好状态,既是社会稳定的需要,也是促进经济发展、社会和谐的前提条件。因此,稳就业就是稳民心,稳就业就是稳经济,稳就业就是稳社会,稳就业就是稳政治。正因为如此,党中央提出"六稳",并把"稳就业"摆在首位,在一年半的时间里,多次召开会议,反复强调经济工作的"六稳",要求在外部不确定性因素增加的情况下,努力保持就业形势总体平稳、稳中有进的好势头。为此,党中央、国务院出台了一系列针对性很强的政策措施。国务院于2018年11月16日印发了《关于做好当前和今后一个时期促进就业工作的若干意见》,从支持企业稳定发展、鼓励就业创业、积极实施培训、及时开展下岗失业人员帮扶、落实各方责任等五个方面进行了全面部署;2019年12月13日,国务院再次印发《关于进一步做好稳就业工作

的意见》,强调坚持把稳就业摆在更加突出位置,强化底线思维,做实就业优先政策,健全有利于更充分更高质量就业的促进机制,坚持创造更多就业岗位和稳定现有就业岗位并重,突出重点、统筹推进、精准施策,全力防范化解规模性失业风险,全力确保就业形势总体稳定。

十二、"稳就业"的措施

党中央国务院就稳就业的目标密集出台了一系列针对性很强的政策措施,通过积极的就业政策稳定就业,不断完善积极就业政策体系,提高政策瞄准的精度和实施的力度,实现更加充分和更高质量的就业。

一是注重鼓励支持发展有利于增加就业的经济产业,通过经济增长拉动就业增加;建立健全重大政策调整就业评估机制,调整产业结构和产业布局政策实施时应该充分考虑对就业的影响;积极支持企业稳定发展,切实落实对不裁员或少裁员的参保企业缴纳失业保险费的优惠政策;充分发挥政府性融资担保机构作用,引导更多金融资源支持创业就业;大力发展"互联网+"家政服务、养老服务,开发更多生活性服务业就业岗位;大力发展平台经济、共享经济等新业态新模式,在做大做强新动能中,创造更多就业岗位。

二是建立健全城乡劳动者平等就业制度，切实解决好农民工就业问题，消除影响平等就业的制度障碍和就业歧视现象，做到城乡劳动者平等就业、同工同酬。

三是鼓励支持劳动者就业创业，大力促进创业创新带动就业，守住不发生大规模失业的底线；加大落实对创业者贷款担保支持力度，拿出实实在在的办法，鼓励建设重点群体创业孵化载体。

四是积极开展技能培训，鼓励支持困难企业组织开展职工在岗培训，在职工教育经费补助上予以适当支持；补贴对下岗失业人员开展的培训工作，对其中符合条件的就业困难人员和零就业家庭成员在培训期间再给予生活费补贴。

五是及时开展下岗失业人员帮扶，失业人员可在常住地办理失业登记，申请享受当地就业创业服务、就业扶持政策、重点群体创业就业税收优惠政策；对符合条件的下岗失业人员，及时落实失业保险待遇，并纳入最低生活保障和临时救助范围。

第二节 职业与职业演变

一、职业的概念

谈起职业,人们便会想到日常生活中各种各样的劳动岗位及和劳动岗位相关的各种工作,如教师、工人、医生、记者、护士等。这些工作由于性质、任务、对象和方式的不同,我们称之为不同的职业。职业是人们从事的比较稳定的、有合法收入的工作。具备收入合法、比较稳定两个必要条件的工作才能称为职业。人们在社会中是靠职业获得经济收入来维持个人生存及家庭生活的,这个收入应该符合国家法律法规和有关政策的规定。一个人如果失去了有合法收入的职业,生活就会遇到困难,甚至无法生存。从事不正当活动而获取收入的,不能算作职业。另外,如果一个人上午干这个,下午做那个,今天搞运输,明天做买卖,没有相对稳定的工作,我们也不能说他有职业。例如参加足球运动,对于一般人来说并非稳定的工作,也就谈不上以此获取经济收入。职业足球运动员则不同,足球运动及足球比赛是职业足球运动员所从事的较稳定的职业活动，他们可以通过这项活动获得经济收入。这也是人们称他们为职业足球运动员的原因。所以职业的内涵即"责任和义务"，职业的外延包括三个方面的内容，即有工作、有收入、有工作时间限度。

二、职业的特性

职业具有专业性、多样性、技术性和时代性的特点。

第一，专业性是指不同的职业在劳动内容、劳动方式、劳动手段等方面具有的特点，如工人一般是指根据设计图纸和工艺流程使用机器设备加工产品的人。

第二，多样性是指存在于社会的政治、经济、文化、教育、军事、外交等一切领域，在每个领域中又有各种不同的类型，如经济师、外交官、演员、作家等。

第三，技术性是指不同职业都有自己的知识经验、技能技巧，如工程技术人员测量绘图、果树工修剪果树等。在现代社会里，要从事某些职业必须经过较长时间的培训，才能具备所从事职业必备的知识、技能、技巧。职业的技术性是一切职业共有的特性。

第四，时代性是指职业随着时代的变化而变化。随着生产力的发展，社会的劳动分工模式和职业结构必然要发生变

革,不断有旧的职业萎缩甚至消亡,同时也有新的职业诞生。特别是科学技术日新月异的今天,在电子、能源、通信、生物、机械等行业中逐步诞生了许多新兴行业或行业分支,如IT、量子通信、人工智能、遗传工程等,由此也产生了众多需要新知识、新技能的新兴职业群。

三、职业的演变与分类

(一)职业的产生与历史演化

职业是人类社会发展到一定阶段的产物。在原始社会初期,生产力水平很低,劳动没有固定的分工。随着社会生产和生活发展,氏族内部由于性别和年龄的差别而产生了自然分工。原始社会后期,随着生产力的进步,出现了畜牧业与农业、手工业与农业分离,继而又出现了专门经营畜牧业、农业和手工业产品交换的商业。有了这些社会分工,便出现了最初的职业,如农夫、牧人、工匠和商人。

进入奴隶社会,随着生产力的发展,出现了大量的剩余产品,使社会上的一部分人有可能脱离体力劳动,依靠别人的剩余产品来生活。奴隶主和富商们完全摆脱了体力劳动,其中一部分人专门从事管理国家、组织生产等活动。职业的种类又有所增加。

封建社会使职业得到发展。随着封建社会农业经济和社会经济发展,与冶铁、纺织、陶瓷、造纸、印刷、造船、酿酒、制茶、漆器和武器制造等有关的手工业、商业和自然科学、文学艺术等领域都有了很大进步。除在奴隶社会已经出现的农民、手工业者、商人和生产管理者外,又出现了诸如艺术家、诗人、文学家、科学家、医生、教师等新的职业。在新行业产生与兴旺的同时,旧的、落后的行业逐渐消失,如冶铁技术的兴起和发展将青铜铸造挤出了历史舞台,从事青铜铸造业的人也改行从事其他职业了。

资本主义社会带来了职业的繁荣。从18世纪中期起,欧美一些国家发生了产业革命,完成了以机器生产代替手工劳动、以机器大工业代替工厂手工业的重大变革。大规模的机器生产使职业分工更细,而且催生了许多前所未有的职业。例如,织布机的出现和圈地运动使成千上万的农民离开土地,成为纺织行业的工人。

时代发展到今天,职业得到了空前发展,职业世界展现出一副崭新的图景。特别是近几年随着人工智能和互联网的兴起,出现了更多新兴工业或服务业。可以设想,未来将会产生许多全新的职业,当然也会有许多传统职业衰亡。

（二）职业的分类

职业所反映的是不同劳动者所从事的不同类型的社会劳动。任何一种职业都可以归属于国民经济中某一产业的某一行业，职业类别也是以产业、行业类型为基础来划分的。可见，不同产业包含着相应的各种行业，不同行业也包含着相应的各种职业。

1. 产业

产业是国民经济活动最基本的类型。国家统计局根据联合国的划分标准，把我国产业分为三大类。第一产业是指从自然界直接获取最基本的生活消费品的物质生产部门，主要包括农业、林业、畜牧业和渔业。第二产业是指对原材料进行加工的物质生产部门，主要包括制造业与矿业等工业部门及建筑业。第三产业是指为社会公众提供社会服务的非物质生产部门，主要包括交通运输业、商业、金融业、文教卫生业、科研事业和其他各种公共事业，以及党政国家机关和社会团体等。

2. 行业

行业是指从事相同性质的经济活动的所有单位的集合。根据经济基础活动的同质性原则划分国民经济行业，即每一个行业类别都按照同一种经济活动性质划分。通俗地讲，行业分类就是按照一定的科学依据，有规则地对从事国民经济生产和经营的单位或者个体的组织结构体系进行详细划分，如林业、汽车业、银行业等。

3. 职业

每个职业都是社会发展不可或缺的一部分，社会分工是职业分类的依据。在分工体系的每一个环节上，劳动对象、劳动工具以及劳动的支出形式都各有特殊性，这种特殊性决定了各种职业之间的区别。

世界各国国情不同，其划分职业的标准也有所区别。根据一些西方学者的理论，国外一般有如下分类标准：

（1）按劳动的性质、层次进行分类。这种分类方法把工作人员划分为以脑力劳动为主的白领工作人员和体力劳动为主的蓝领工作人员两大类。白领工作人员包括专业性和技术性的工作人员、农场以外的经理和行政管理人员、销售人员、办公室人员。蓝领工作人员包括手工艺及类似的工人、非运输性的技工、运输装置机工人、农场以外的工人、服务性行业工人。这种分类方法明显地表现出职业的等级性。

（2）按心理的个别差异进行分类。这种分类方法是根据美国著名的职业指导专家霍兰德创立的"人格—职业"匹配理论，把人格类型划分为六种，即现实型（R）、研究型（I）、艺术型（A）、社会型（S）、企业型（E）和传统型（C）。与其相对应的是六种职业类型，如下图所示。

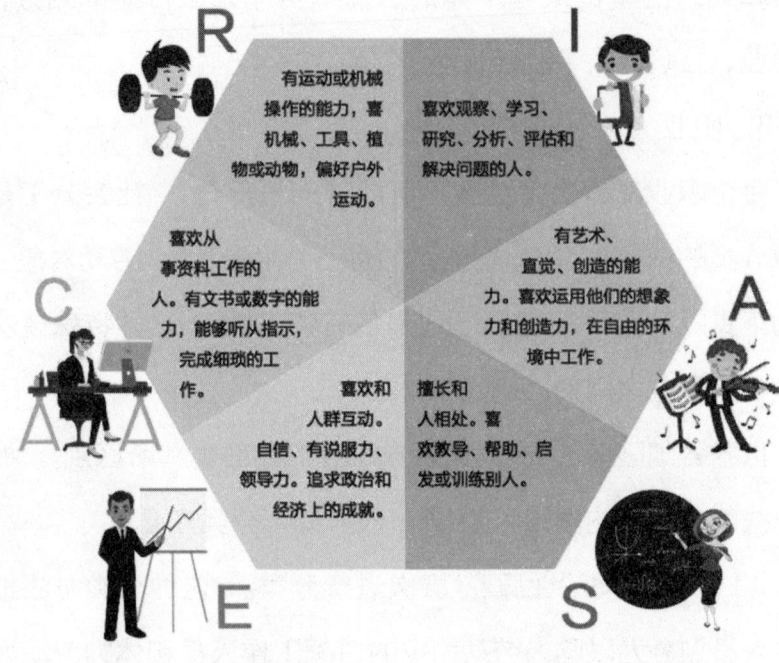

霍兰德"人格—职业"匹配类型

第三节　专业与职业

一、专业

专业是指高等学校根据科学分工或社会生产分工需要所分成的学业门类。专业设置以就业为方向，其特色体现为四个"相结合"：一是职业性与学科性相结合，专业划分以职业岗位群为主，兼顾学科分类；二是合理性与科学性相结合，实行"宽窄并存"，该宽则宽，该窄则窄，宽窄适度；三是灵活性与稳定性相结合，专业大类及二类命名相对稳定，三类名称灵活；四是多样性与地区性相结合，同一名称的专业在不同地区、不同院校有不同的侧重与特点。

专业学习包括专业知识的学习、专业技能的掌握和专业能力的形成。一个专业一般面向一个职业岗位群，如财经专业所面对的职业岗位群有经济师、统计师、审计师、会计师等。专业学习要求大学生同时具有一个岗位群基本的、通用的、熟练的职业技能，又能掌握与本专业有关的最新科技知识。学好专业知识、掌握专业技能有十分重要的作用。

二、职业资格

职业资格是对从事某一种职业所必备的学识、技术和能力的基本要求。职业资格包括从业资格和执业资格。从业资格是指从事某一专业（工种）学识、技术和能力的起点标准。执业资格是指政府对某些责任较大、社会通用性强、关系公共利益的专业（工种）实施准入控制，是依法独立开展或从事某一特定专业（工种）学识、技术和能力的必备标准。

职业资格证书是劳动者具有从事某种职业必备的学识、技术和能力的证明。与学历证书不同，职业资格证书与职业劳动的具体要求密切结合，集中地反映特定职业的实际工作标准和规范，以及劳动者从事各种职业所达到的实际能力水平。职业资格证书制度是我国对劳动者上岗进行严格的资格认定，实行持证上岗的管理制度。

三、专业与职业的对应关系

专业与职业既有区别又有联系。专业为职业服务，职业对专业起导向作用。专业是学校设置的，而职业是社会上存在的，是社会经济发展的产物。在一般情况下，专业要比职业涉及面宽，其目的是适应职业的需求和职业的发展变化，以便毕业生就业时能从较宽的职业范围去选择职业和适应职业转换的需要。专业不等同于职业，即它不与社会职业一一对应，却又与社会职业有着非常紧密的联系，主要体现在四个方面：一是专业划分基础为一组具有一致性的相关职业的职业能力，包括基础理论知识和技术应用能力等；二是以达到具有一致性的相关事业的职业能力与工作资格为培养目标；三是专业教学过程的实施与相关的职业劳动过程、职业工作环境和职业活动空间具有一致性；四是学生对专业的选择与其对将来从事职业的社会地位和社会价值判断相一致。

四、增强职业意识

职业意识是人对求职择业和职业劳动的各种认识的总和。社会的各种职业都是社会分工的结果，各种职业都有各自的责任，缺少哪一种职业都会影响社会的协调发展。职业只有分工不同，没有贵贱之分，无论什么职业都可以为社会做贡献，为人民谋福祉。这就是一种职业意识。在现实生活中，通过环境、舆论等影响，每个人都会逐渐形成自己的职业意

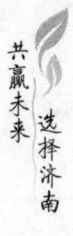

识。但有些人的职业意识带有片面性、幻想性和不稳定性，往往容易单凭表面的认识和浅显的兴趣来看待某种职业，不考虑自己的实际情况而对未来充满不切实际的幻想。大学生朋友们必须更全面、更理智、更实际地看待自己将要从事的职业，树立和强化正确的职业意识，这样才能做好本职工作。

第二章 我国当前的就业形势

十九大报告中的一个主题，就是坚持以人民为中心，满足人民对更加美好生活的向往。报告中明确提出实现更高质量和更加充分就业的目标。也就是说，在全面建成小康社会的新时代，要实现最关乎广大老百姓切身利益和满足他们最实际的美好向往，起点就是实现更高质量、更加充分的就业。

当前国民经济运行态势基本平稳，但经济运行环境复杂严峻。加之受新冠肺炎疫情影响，我国就业承压持稳，就业增长维持较高水平，失业水平处于调控目标之下，劳动力市场供求保持动态平衡，重点群体就业保持稳定。但一些就业指标走势趋弱，风险苗头显露，一些问题需要高度关注。

第一节 我国当前的宏观就业形势

一、就业形势承压持稳

（一）就业局势总体稳定

在我国政府工作报告确定的 2019 年工作目标中，就业方面的主要目标为城镇新增就业实现 1100 万人以上，城镇调查失业率维持在 5.5% 左右，城镇登记失业率控制在 4.5% 以内。综合分析相关统计调查数据，2019 年就业局势保持总体稳定的基本态势没有改变，主要表现在就业增长、失业水平、劳动力市场供求变化、企业用工等主要就业指标运行在合理区间。

就业增长保持高位运行。从年终统计数据看，2019 年全国城镇新增就业 1352 万人，实现政府工作报告确定的年增超过 1100 万人的目标，仍延续近年年超 1300 万人实际工作目标的高增长态势，是 2008 年以来的第二高位。在劳动年龄人口持续下降情况下，2019 年全国就业人员总量为 77471 万人，

比上年减少115万人，但城镇就业规模仍持续扩大，达到44247万人，比上年增加828万人。

失业水平仍处于目标区间。2019年，全国城镇调查失业率保持在5%及以上，年末为5.2%。各季度城镇登记失业人数同比均低于上年，年末为945万人，城镇登记失业率为3.6%，两者都为近年来的低点。城镇登记失业率和调查失业率均在年度工作调控目标范围之内。

劳动力市场供求保持动态平衡。公共就业服务机构和网络招聘机构市场供求监测数据显示，2019年劳动力市场供求总体上保持了动态平衡，市场供求规模没有出现显著失衡。100个城市公共就业服务机构市场供求分析显示，全年各季度公共人力资源市场求人倍率均保持在1.2以上，招聘需求岗位数持续大于求职人数，市场调节仍有一定余地。同时网络招聘市场监测需求人数与求职人数比例也基本保持平衡，需求人数略大于求职人数。

企业用工总体保持稳定。企业是吸纳就业的主体，企业用工情况直接反映就业形势的基本情况。对全国各地5万多家企业岗位的监测显示，受监测企业岗位没有出现显著波动，新招工企业比例和招工数量保持基本稳定，企业岗位人员流失幅度没有大幅上升，没有出现大面积、规模性裁员，用工总体上保持稳定，但部分企业仍存在缺工和招工难现象。

重点群体就业基本稳定。高校毕业生就业是重中之重。从数据看，2019年高校应届毕业生就业保持稳定，年底就业率与往年基本持平，大专以上青年调查失业率与往年比较没有明显上升，就业形势稳定。

在国内外经济形势更加复杂、不确定性增多的情况下，2019年的就业局势承压持稳，实属不易。这既有经济基本面保持稳定、结构不断优化、新动能不断加强的因素作用，也有就业优先政策全面发力的政策推动。

（二）就业形势承压，一些突出问题值得关注

尽管2019年就业局势保持总体稳定，但也出现了一些新变化，经济下行压力和外部经济环境变化对就业形势影响有所显现。一些就业指标走势趋弱，风险苗头显露，一些问题需要高度关注。

就业增长减弱。虽然2019年城镇新增就业达到预期目标，但全年累计较上年仍减少11万人，减幅0.81%。从全年各月走势来看，只有5个月同比增长，增加月份数明显少于前几年，与2008年、2009年金融危机影响严重时期类似。从地区看，13个省份全年城镇新增就业人数出现下降，特别是东部部分用工大省也出现同比下降。这表明就业增长的动力有所减弱。

失业水平有所抬升。2019年全国城镇调查失业率保持在

目标调控区间，但全年各月均处于5%及以上，其中2月和7月达到5.3%的高点，同比分别较上年高0.3个和0.2个百分点。2019年底，青年（16~24岁）调查失业率水平同比升高，特别是20~24岁大专及以上学历青年调查失业率上升比例高于其他群体。

市场需求有所减弱。受订单下滑、成本上升、预期不稳等多重因素挤压，企业慎招、减招、停招现象增多，市场需求下滑。网络招聘大数据显示，市场招聘需求自2018年第三季度以来连续下滑，且环比增幅逐步扩大。公共人力资源市场机构需求人数降幅均大于求职人数。企业新招和减员数据在一定程度上显示企业用工需求总体呈现递减趋势。

企业稳岗压力持续。自2018年下半年以来，企业岗位波动幅度明显大于往年。2018年底，岗位总数比上年同期减少，多数月份呈现岗位流失状态，显示企业用工稳定性减弱。从国家统计局发布的采购经理人指数（PMI）情况看，无论是制造业从业人员指数，还是非制造业从业人员指数，从2018年下半年以来均逐步走弱，2019年延续了这一基本走势。这说明在多重经济因素影响下，无论制造业还是非制造业，其用工均呈持续收缩状态。

中美贸易摩擦对就业影响有所显现。2019年，中美贸易摩擦持续，不确定性增多，我国经济不可避免地遭受一些影响，也对就业造成直接或间接影响。相关涉美贸易行业企业用工的不稳定性增加，一些企业特别是外商企业用工规模有所缩小，外贸依赖程度较大的地区稳就业压力有所增加。

部分行业和地区就业压力加大。制造业等行业用工可能持续减少。受内外需增速同时放缓的叠加共振影响，制造业用工形势面临严峻挑战。2019年PMI总体弱于上年，从业人员指数长期处于50的枯荣线以下，且持续下滑。尤其是汽车、计算机通信和其他电子设备制造、化工、家具及家电等传统重点产品行业增速明显放缓，用工规模进一步缩小。与此同时，新动能拉动就业能力或有所减弱。在经历了前期高速发展甚至盲目扩张后，以互联网数字经济为代表的新动能进入新一轮的盘整期。在资本退热、监管加强、成本上升等多重因素下，部分大型平台企业增速放缓，企业招用工规模有所缩减。从区域看，东北地区城镇调查失业率处于较高位，叠加国企改革、厂办大集体改革等历史遗留问题，矛盾风险更加突出。此外，需要注意的是受中美贸易摩擦影响，结构调整进一步深化，产业链和供应链调整加速进行，东部地区就业市场出现波动，用工需求下降，城镇新增就业增速放缓，监测企业岗位持续流失。同时受监管趋严、城市房租和生活成本高等一些因素影响，部分劳动者返乡就业创业，就业区域结构调整继续深化，就业压力在一定程度上向中西部地区传导。

部分劳动者劳动收入增幅下降。根据部分人力资源机构

薪酬数据，劳动者工作收入增幅有所放缓，部分人员出现薪酬下降。企业将受产业升级、业务转型、竞争态势变化、政策及经济大环境变化等多重影响，对于核心人才，会加大投入力度进行吸引和保留；而对于非核心的业务及员工，越来越多的企业考虑采取服务外包或谨慎调薪的应对策略。外出务工劳动力月收入同比增速下滑趋势较为明显。从国家统计局发布的数据看，2019年城镇非私营单位就业人员和城镇私营单位就业人员工资增长速度都比2018年有所回落。2018~2019年，城镇非私营单位就业人员工资增速从10.9%降到9.8%；城镇私营单位就业人员工资增速从8.3%降到8.1%。从不同企业和行业看，城镇非私营单位就业人员工资增速降幅明显的主要是外商投资、股份合作、联营和集体企业。制造业、建筑业、交通运输、仓储和邮政业、房地产业等行业的城镇非私营和私营单位就业人员工资均出现不同程度下降。

二、新冠肺炎疫情对就业的影响

2020年，我国发生新冠肺炎疫情，到1月底全国各省份均已出现。全国确诊感染人数从初期的每天数人，发展到后来的每天几十、几百、几千人。截至2020年3月21日，全国累计报告新冠肺炎确诊病例 81054 例，累计死亡病例 3261 例。受疫情影响，我国经济遭受打击，一季度国内生产总值同比下降 6.8%，其中，第一产业下降 3.2%，第二产业下降 9.6%，第三产业下降 5.2%。尽管新冠肺炎疫情来势汹汹，但在党中央的坚强领导下，经过全国上下艰苦努力，疫情防控形势很快好转，生产生活秩序加快恢复。2020 年 3 月 17 日，世界卫生组织官员明确表示，中国已经成功控制了疫情。国家发改委指出，2020 年 3 月 17 日除湖北等个别省份外，全国其他省（区、市）规模以上工业企业复工率均已超过 90%，其中浙江、江苏、上海、山东、广西、重庆等已接近 100%。

此次疫情给就业带来相当大的影响。2020 年 3 月 17 日，一项覆盖全国各城市、各行业、不同规模及性质的 3000 家企业的调研发现，受此次疫情影响，旅游、酒店、餐饮、线下教育培训、零售、地产建筑以及汽车等行业面临需求大幅萎缩、部分经营暂停、收入锐减等情况。新冠肺炎疫情使一些航空公司面临毁灭性打击；关键零部件等中间产品生产停工，对汽车制造、电气电子等行业的整体需求和供应链造成严重冲击，加大汽车等行业的下行压力。这些受到疫情重创的行业，就业急剧减少。

疫情让餐饮行业陷入前所未有的困境。2020 年 2 月 12 日中国烹饪协会发布的《2020 年新冠肺炎疫情对中国餐饮业影

响报告》显示，相比2019年春节，78%的餐饮企业营收损失达100%以上，9%的企业营收损失达到九成以上，7%的企业营收损失在七成到九成之间，营收损失在七成以下的仅为5%。因此可以认为，住宿餐饮业第一季度的产出损失率应该在70%左右。这样在劳动生产率不变的条件下，住宿餐饮业的就业岗位损失将达到70%左右。据此测算，新冠肺炎疫情在2020年第一季度将会给住宿餐饮业造成288万个以上的就业岗位损失。

疫情使旅游业就业受到重创。中国旅游景区协会发布的调研报告指出，新冠肺炎疫情对景区行业营收影响极大，春节期间全国景区收入损失额度将达到上年同期盈利收入的90%以上。受疫情影响，旅游业大量裁员，其中临时工是首先被裁减的对象。因此可以认为，旅游业第一季度的产出损失率在60%以上，在劳动生产率不变的条件下，旅游业的就业岗位损失也将达到60%。据此推算，新冠肺炎疫情在2020年第一季度将会给旅游业至少造成225万个就业岗位损失。

文化娱乐业就业受到疫情严重影响。新冠肺炎疫情波及文化娱乐行业各个方面，演出叫停，影院关闭，节事活动取消。2020年2月10日，一项对2136家文化产业企业的调查显示，78.9%的受访企业处于完全停工状态，体量越小的文化企业完全停工的比例越高，近九成微型及初创企业完全停工，大型企业完全停工的比例也超五成。因此可以认为，文化娱乐业第一季度的产出损失率至少为70%，在劳动生产率不变的条件下，文化娱乐业的就业岗位损失也将达到80%。据此测算，新冠肺炎疫情在2020年第一季度将会造成文化娱乐业至少损失107万个就业岗位。

交通运输业就业受到严重影响。从交通运输部公布的数据看，全社会经营性客运量2020年1月28日至31日同比下降82.9%，全国高速公路货车流量1月21日至30日环比下降80%左右。因此可以认为，交通运输业第一季度的产出损失率至少为60%，在劳动生产率不变的条件下，交通运输业的就业岗位损失也将达到60%。据此测算，新冠肺炎疫情在2020年第一季度造成公路运输业至少损失218万个就业岗位。

总之，受到居民需求的下降、企业生产经营状况的下滑、国际经济环境的恶化等导致需求不足影响，中国经济增长率在一定时期内不可避免地会出现一定程度的下降，并带来就业下降。但从更长的期限来看，由于中国国民经济体系在疫情期间并没有受到太大的破坏，潜在生产能力没有受到实质性影响，疫情对经济增长的影响程度有限；随着疫情得到控制、居民需求和企业生产恢复，中国的经济和就业将会恢复到正常水平。

第二节　当前的宏观就业政策

在经济下行压力持续加大的趋势下,党中央、国务院更加重视就业问题,持续加大就业政策支持力度。2019年,就业政策取得重要进展,国家对就业工作做出了一系列决策部署,一系列相关政策措施相继出台实施。

一、政策内容工具进一步丰富完善

2018年底,在中央经济工作会议首次提出就业优先政策后,2019年政府工作报告进一步明确将就业政策作为三大宏观政策之一,加强宏观政策的协调配合,同时明确提出就业优先政策全面发力。从减税降费、鼓励发展平台经济等新兴产业、进一步推进放管服、优化营商环境、有序推进环保治理和实施宽容谨慎监管政策等各个方面夯实就业发展的宏观经济基础。2019年,小微企业普惠性减税、个人所得税专项附加扣除、深化增值税改革措施等多项政策相继实施。就业优先政策全面发力,深入实施援企稳岗政策,社保降费成效显著,稳岗返还政策加快落地;支持多渠道就业、强化就业权益保护、扩大就业见习规模、扩大求职创业补贴对象范围;加大贫苦劳动力就业扶持力度;开展大规模职业技能培训。

二、"稳就业"政策加码

为应对经济因素对就业的影响,在贯彻落实2018年底出台的《国务院关于做好当前和今后一个时期促进就业工作的若干意见》(国发〔2018〕39号)的基础上,国务院于2019年底出台了《国务院关于进一步做好稳就业工作的意见》(国发〔2019〕28号),作为当前阶段的综合性就业政策文件,其内容特点主要有五项。

一是继续加大援企稳岗力度,稳定就业存量。通过延长阶段性降低失业保险费率、工伤保险费率的政策,落实普惠金融定向降准政策,释放的资金重点支持民营企业和小微企业融资,实施扩大小微企业融资担保业务规模、降低小微企业融资担保费率等政策,引导企业开拓国内市场,规范企业裁员行为等,稳定企业现有岗位。积极推进社保降费率、调费基、稳定征缴方式,企业职工基本养老保险、失业保险、工伤保险三个险种全年降低社会保险费4252亿,实现企业特别是小微企业社保缴费负担实质性减轻。失业保险支持劳动

密集型企业和困难企业稳定岗位，全年向114.8万户企业稳岗返还551.7亿元，惠及职工7289.5万人。

二是多方挖潜，扩大就业增量。主要发挥投资、产业、外贸等政策作用，拓展就业增长空间，如实施社区生活服务业发展试点，开展家政服务业提质扩容，加强旅游公共设施建设，推进区域医疗中心建设，支持社会力量发展普惠托育服务，支持养老服务业发展，鼓励汽车、家电、消费电子产品更新消费，培育国内服务外包市场，支持行政事业单位、国有企业采购专业服务，挖掘内需带动就业。加大投资创造就业，合理扩大有效投资，实施城镇老旧小区改造、棚户区改造、农村危房改造工程，支持城市停车场建设，加快国家物流枢纽网络建设。稳定外贸，扩大就业。通过进一步降低进口关税，扩大出口信用保险覆盖面、合理降低保费，建设国际营销服务体系，加快跨境电子商务综合试验区建设，做大做强外贸综合服务企业。培育壮大新动能，扩展就业空间。深入推进战略性新兴产业集群发展工程，加强人工智能、工业互联网等领域基础设施投资和产业布局。加快促进平台经济规范健康发展，促进新产业、新业态、新模式快速发展。降低小微企业创业担保贷款申请条件，加大创业担保贷款政策实施力度，鼓励支持返乡创业，扶持创业带动就业。支持灵活就业和新就业形态发展。支持劳动者通过临时性、非全日制、季节性、弹性工作等灵活多样的形式实现就业。加大对就业困难人员的就业援助力度，鼓励围绕补齐民生短板拓展公益性岗位。

三是重视职业技能培训。落实完善职业技能提升行动政策措施，扩大技能人才培养培训规模，2019年超额完成1500万人次的培训任务。将城乡未继续升学的初高中毕业生、20岁以下有意愿的登记失业人员纳入培训补贴范围，对其中的农村学员和困难家庭成员给予生活费补贴，启动国家产教融合建设试点，加强公共实训基地和产教融合实训基地建设，实施新职业开发计划，建立急需紧缺职业目录编制发布制度。

四是加强就业、创业服务。推进处于失业状态的城乡劳动者可在常住地进行失业登记，开放线上失业人口登记入口，实现失业人员基本信息、求职意愿和就业服务跨地区共享，加强岗位信息归集提供，加快实现公共机构岗位信息区域和全国公开发布。建立登记失业人员定期联系和分级分类服务制度。加强重点企业跟踪服务，提供用工指导、政策咨询、劳动关系协调等服务和指导。

五是注重防范失业风险，做好失业保障。明确县级以上地方政府要切实履行稳就业主体责任，建立政府负责人牵头、相关部门共同参与的工作组织领导机制，统筹领导和推进本地区稳就业工作和规模性失业风险应对处置。加强对失业困难人员的生活保障。对领取失业保险金期满仍未就业且

距离法定退休年龄不足1年的人员,可继续发放失业保险金直至到达法定退休年龄;对符合条件的生活困难下岗失业人员,发放临时生活补助;对实现就业的低保对象,可通过"低保渐退"等措施,增强其就业意愿和就业稳定性。

三、着力化解就业结构矛盾

2019年就业政策的一大亮点,是围绕化解就业结构矛盾,促进劳动力要素有效配置和素质提升出台了相关政策措施。党的十九大报告中明确指出,要大规模开展职业技能培训,注重解决结构性就业矛盾。《2019年国务院政府工作报告》提出实施职业技能提升行动,把职业技能培训作为保持就业稳定、缓解结构性就业矛盾的关键举措,作为经济转型升级和高质量发展的重要支撑,并且明确从失业保险基金结余中拿出1000亿元,用于1500万人次以上的职工技能提升和转岗转业培训。2019年5月18日颁布的《职业技能提升行动方案(2019—2021年)》(以下简称《方案》),明确2019~2021年共开展各类补贴性职业技能培训5000万人次以上,到2021年底技能劳动者占就业人员总量的比例在25%以上,高技能人才占技能劳动者的比例在30%以上的发展目标。《方案》明确培训重点群体为企业职工,既包括国家关键发展领域如战略性新兴产业、智能制造等高新技术行业的职工群体，也涵盖困难企业职工。就业重点群体包括农村转移就业劳动者、"两后生"、下岗失业人员、退役军人、就业困难人员等，并聚焦贫困地区特别是"三区三州"等深度贫困地区，加大贫困劳动力和贫困家庭子女技能扶贫工作力度。激发培训主体积极性，重视职业院校、社会培训机构、企业培训机构等各类主体的作用。

第三节 经济下行和技术进步背景下的中国就业

就业是民生之本。中共中央政治局提出"做好稳就业、稳金融、稳外贸、稳外资、稳投资、稳预期工作"要求,并把"稳就业"作为"六稳"之首。通过对积极就业政策在政策工具箱中位置的调整,把实现充分就业的目标以及劳动力市场各类信号纳入宏观经济政策决策中予以考量和执行,积极就业政策就可以得到真正落实,宏观经济政策终极目标和底线更加清晰且可操作,民生得到更好的保障。在经济下行和技术进步的背景下,中国的就业面临以下问题。

一、经济下行,尤其受新冠肺炎疫情影响,给就业带来较大压力

疫情使得人员不能正常流动,企业不能正常开工,组织难以正常运转,经济陷入半停顿状态。所有企业都面临严峻挑战,经济前景充满不确定性,很多企业延迟或减少投资,尤其是航空、旅游和酒店业,就业岗位大量减少。疫情防控限制了劳动力流动,许多工人无法返岗上班,对居民收入产生不利影响。疫情导致就业数量大幅减少已经是不争的事实。

二、国际环境变动，贸易摩擦可能带来就业冲击

国际经济贸易环境的变动，会使相关外资企业改变其运行策略，而贸易摩擦对外贸导向型企业则会产生直接影响。例如：由关税增加带来的运营成本提升，可能导致部分企业在短期内出现经营困难从而减少用工，进而造成失业现象；贸易摩擦的持续发展，则可能导致全球价值链的重构，部分跨国企业会在全球范围内进行业务调整，给原来的就业市场带来冲击。

三、新一轮科技革命给就业带来新机遇和新挑战

科技革新对就业的影响既有创造效应，也有替代效应，且这两种效应正在我国劳动力市场上叠加显现。从创造效应看，新技术的发展会使就业市场发生积极变化，直接创造新的岗位需求；从替代效应看，新技术的发展对就业的影响逐渐扩大，以"机器换人"等形式直接替换劳动，势必导致一些岗位被淘汰。新技术革命会使劳动力市场岗位需求结构有所调整和优化，在一定程度上缓解对普通工人需求问题，也会为高校毕业生创造更多更匹配的就业机会，但同时也对人力资本提出了更高要求。

四、数字经济给劳动力市场带来新变化

数字经济与技术的兴起会催生出许多新产业、新业态和新模式,继而创造大量的就业机会。当前,大量的创新创业都发生在互联网、电子商务、计算机软件、通信、IT服务等数字经济领域,其中互联网行业近3年一直为我国人才需求量最多的行业。然而数字经济的发展势必对传统产业和原有的就业岗位造成冲击,据统计,我国有55%~77%的就业岗位容易因技能含量低而被取代。

五、新经济和新就业形态发展对劳动者权益保障提出新挑战

新就业形态缺乏规制、劳动保护弱化。在新经济中,很多就业岗位不存在唯一固定雇主和固定工作场所,就业者流动性很强,很多属于依靠网络平台的自由职业者。他们的劳动关系判别困难,社会保险缴费和接续困难,劳动保护弱化。这一就业形态缺少相关法律的保护,容易产生劳动纠纷。

第四节　统筹疫情防控和经济社会发展条件下的济南就业

新冠肺炎疫情发生以来，党中央、国务院多次强调，要统筹推进新冠肺炎疫情防控和经济社会发展，实施好就业优先政策，在打好疫情防控阻击战的同时，全力确保就业平稳。

2020年以来，济南人社部门统筹推进疫情防控和民生保障，做好"六稳"工作，落实"六保"任务，紧紧围绕复工复产用工需求，打出一套抗疫情、保复工、助企业、惠民生的政策措施组合拳，提升政策含金量，探索服务新模式，全力保障用工纾困解难，为企业复工复产注入强劲动力，为稳就业工作交出亮丽的成绩单。截至2020年8月底，济南市实现城镇新增就业11.25万人，同比增长29.4%，城镇登记失业率2.01%，同比下降0.04个百分点，就业形势保持稳定。中央广播电视台、人民日报社和《中国组织人事报》等媒体对济南市稳就业、保就业的做法给予了广泛宣传报道。

一、政策加力,"一揽子"政策为用工减负

牵头制定《关于积极应对新冠肺炎疫情进一步做好稳就业工作的实施意见》,出台"黄金26条",综合实施一次性用工补贴、一次性吸纳就业补贴、职业介绍补贴、就业困难人员岗位补贴和社保补贴、下岗人员一次性临时生活补助、高校毕业生社保补贴、创业补贴等补贴项目,为疫情期间复工复产企业加油助力。在山东省率先制定《关于应对疫情稳就业政策实施细则》,对补贴项目逐项优化办理流程,简化审核程序,推行不见面办理。

为促进政策落实落地,打造"面对面"政策推送新模式,深入开展"人社政策畅通行"行动,送就业创业政策进乡村、进社区、进企业、进高校。将疫情期间出台的就业创业政策,进行全面梳理,分区域、分群体、分类别"打包",明确政策支持内容、援助服务内容以及政策落地和服务到位的路径渠道,选派专门人员上门送"礼",指导企业申报社保补贴、一次性用工和吸纳就业补贴等政策,协助企业办理岗前培训、岗位提升培训、转岗培训等开班申请和补贴申领。据不完全统计,发放重点企业用工补贴、吸纳就业补贴和职业介绍补贴2398.491万元,扶持企业938家;

发放创业担保贷款13.04亿元，扶持企业和个体工商户6809家，带动就业近万人；落实创业补贴2.3亿元，扶持小微企业和个体工商户10727家。

二、即时响应，"全天候"解决企业用工难题

为疫情防控必需、公共事业运行必需、群众生活必需的重点企业、重点项目设立用工服务专员，建立企业用工即时响应机制，建立企业需求清单，实施"一企一策"、专人负责，精准做好用工信息监测，精准对接用工服务需求，精准抓好复工达产疫情防控。其间，已为重点企业、重点项目设立320名用工服务专员，实行24小时用工调度保障机制，为6342家企业解决用工51146人。疫情期间，在济南市生产防疫物资的山东华纳医疗器械有限公司和山东德启智能科技有限公司急需用工。得知需求后，政府2天内就为这两家企业定向招募505名技术工人，有力保障了企业生产。

三、专车服务，"点对点"接送农民工有序返岗

农民工是返城复工最大的流动群体，聚焦重点地域农民

工"返岗难",实行"一站式、点对点、全过程"输送服务新模式。成立济南市企业复工复产农民工就业保障服务小组,设立人社服务联络员,积极摸排辖区企业用工和外出务工人员返岗需求,建立重点企业复工复产和农民工外出务工基础数据库。对成规模、集中性返岗的企业,开通专车、专列、专机,帮助企业职工尽快返岗,做到"接到乡村口、送到厂门口"。其间,组织专车2209次、专机2班次、重庆到济南的复工专列1趟,保障4.1万农民工安全畅通返岗复工。中央电视台对济南市安排"扶贫专机"接送务工人员复工的做法进行了报道。

四、云端赋能,"屏对屏"开辟就业新天地

把线下的就业培训、就业招聘、就业经办搬到线上,把"面对面"转变为"屏对屏",让求职者享受从技能培训、求职招聘到签约入职的一条龙服务。开展线上职业技能培训,采用"互联网+培训"的方式,确定29家线上平台,免费为农民工等重点群体提供线上职业技能培训,累计吸引25万劳动者在线学技能。开展线上"春风行动"招聘会、"选择济南 共赢未来"百日千万网络招聘专项行动、"就选山东"高校毕业生线上求职招聘系列活动,实现了"24

小时求职招聘服务不打烊"。其间，举办各类网络招聘会339场，1.7万家招聘企业提供招聘岗位45.2万个，求职人数26.5万人次，达成就业意向10.6万余人次。联合"齐鲁壹点""爱济南"等客户端开辟了就业招聘专栏，创新建立济南云人才市场，全真模拟线下人才招聘会现场，搭建"一对一"视频面试通道，实现了求职"屏对屏"、视频云招聘。聚焦人才求职难，搭建招才引智平台，创新开展"才聚泉城"名校行线上引才等活动，重点对接北京大学、浙江大学、复旦大学等全国6大片区100余所知名高校，持续推送"十大千亿产业职位""月薪过万职位""博士生职位""名企专场职位"等用工岗位信息，"才聚泉城"品牌效应更加彰显。以全程网办、掌上办、自助办为主要手段，打造全天候、多渠道、有温度的智慧就业服务。建立济南就业创业网上服务大厅，将44项分散的公共服务事项集成一体，按照服务对象和业务种类进行事项分类，分别链接到山东省就业网上服务大厅、济南求职招聘平台、山东政务服务网等网上服务渠道。推出10项就业创业高频业务事项"不见面"办理，公布疫情防控期间就业创业"不见面"业务事项办理指南39项，公布济南市就业创业在线经办服务项目目录72项，让企业和劳动者零跑腿、快速办。

五、引领创业,"一链式"激发内生活力

推行"创业培训+政策扶持+创业指导+创业孵化"一链式创业帮扶机制,激发创业活力,拓展就业空间。对有创业意愿的劳动者,指导参加创业意识和创业能力培训。出台了《济南市创业担保贷款实施办法》,将个人创业贷款额度提至最高20万元,合伙及组织创业的贷款额度提至最高60万元。企业贷款额度提至最高300万元,同时下调小微企业新招用符合条件职工占比,降低企业借款门槛,为企业提供资金支持。依托创业指导服务平台和智慧人社App,为创业者提供创业导师预约、线上咨询、创业政策解读以及优秀创业项目展示等多项服务,实现"线上线下"创业服务的双提升。成功举办第四届"中国创翼"创业创新大赛选拔赛暨山东省第五届创业大赛济南赛区选拔赛,营造了良好的创业氛围。发挥市级大学生创业孵化中心作用,对所有入驻企业实行孵化期内房租全免政策。2020年,新入驻企业33家,为入驻企业减免房租180万元。

第三章

济南,一座温暖有力的城

济南的发展承载了一代代青年的奋斗梦想。青年的精神就是城市的精神，青年的气质就是城市的气质。厚重的家国情怀、奋斗的豪情壮志、创新的意志品质、诚信的儒家精神，让济南成为广大青年孕育梦想、放飞梦想、成就梦想的首选之地。

第一节　济南市概况

济南位于山东省的中部，南依泰山，北跨黄河，地处鲁中南低山丘陵与鲁西北冲积平原的交接带上，地势南高北低。济南的地形可分为三带：北部临黄带、中部山前平原带、南部丘陵山区带。济南是中国东部沿海经济大省——山东省的省会，全省政治、经济、文化、科技、教育和金融中心，重要的交通枢纽，与德州、滨州、淄博、泰安、聊城等市相邻，总面积10244平方公里。

济南市河流分属黄河、小清河、海河三大水系，湖泊有大明湖、白云湖等。山区北麓有众多泉群出露，仅市区就有趵突泉、黑虎泉、五龙潭、珍珠泉四大泉群。

济南是国务院公布的历史文化名城，因地处古四渎之一的"济水"（故道为今黄河所据）之南而得名。据考古发掘资料，远在9000年前的新石器时代早期，已有先民在此繁衍生息。距今四五千年前，以磨光黑陶为特征的龙山文化，系因1928年首次发现于济南东郊龙山镇而被命名。夏代，龙山镇城子崖一带建有较大规模的城市。商周时代，济南为古谭国（东方方国，都城在今城子崖、平陵城一带）地。春秋战国时代，济南属齐国，称"泺""鞍""历下"等邑，为齐国西南边陲重镇。秦代，地属济北郡（郡治博阳，即今泰安）。

西汉始置济南郡，郡治东平陵（今济南市章丘平陵城）。汉文帝十六年（前164），设济南国，首府东平陵。前154年，废济南国，复置济南郡。汉武帝时，济南郡辖东平陵、历城等14县，属青州刺史部。东汉建武十七年（41），济南郡复称济南国，辖14县，后改辖10县。

魏晋南北朝时期，朝代屡屡更替，济南先后为魏、西晋、后赵、前燕、前秦、后燕、南燕、东晋、刘宋、北魏、东魏、北齐、北周辖境，置郡置国，变化频繁。其间，济南郡治于西晋永嘉末年（313）前从平陵（东平陵）迁至历城。从此，今济南市区成为历代郡国、州府的行政中心。刘宋元嘉九年（432）在济南郡侨置冀州，济南为州、郡两级治所。北魏皇兴三年（469），改侨冀州为齐州，辖济南郡、东魏郡、太原郡等6郡35县。

隋开皇三年（583）撤郡并县，齐州仍治济南，辖历城等10县。大业三年（607）齐州改称齐郡。唐朝建立后，复称齐州，辖历城、章丘、长清等6县。唐中叶天宝年间，齐州曾一度改称临淄郡、济南郡。五代时期，仍称齐州，先后为梁、唐、晋、汉、周的辖境。北宋，齐州先后属京东路和京东东路。政和六年（1116），齐州升为济南府，辖历城、章丘、长清等5县。建炎二年（1128）后，被金朝所据，仍为济南府，辖7县，属山东东路。其间，曾一度为原济南知府刘豫建立的伪齐辖境。元初，改为济南路，直隶于中央中书省。至元二年（1265），辖棣州、滨州2州及历城、章丘、济阳、商河等11县。金元时期，济南先后为金山东东西路提刑司、元山东东西道肃政廉访司治所，是山东地区的监察中心。

明初，复称济南府，辖泰安、德州、武定、滨州4州及历城、章丘、长清、济阳、商河等26县。洪武九年（1376），山东最高行政机关承宣布政使司由青州迁至济南，济南成为山东省会，全省政治、军事、经济、文化中心，全国重要的中心城市之一。清初，沿明朝建置。雍正二年（1724）、十二年（1734）调整区划，济南府改辖德州和历城、章丘、长清、济阳等1州15县。

1912年，撤销济南府，置岱北道，辖27县；1914

年，岱北道改称济南道，辖县未变；1925年，改辖历城、章丘、长清、济阳等10县；1929年7月，析历城县城厢及其四郊，正式设立济南市。当时济南市面积175平方公里，人口40余万。1948年9月，中国人民解放军华东野战军解放济南，设立济南特别市；1949年5月，复称济南市。

中华人民共和国建立后，经历过漫长的原始、奴隶、封建社会的济南，开始进入社会主义新时代。1958年，历城县划归济南市。其后，章丘、长清县于1978年，平阴县于1985年，济阳、商河县于1990年陆续划归济南市管辖。1994年2月，济南市被正式确定为副省级城市。2018年12月26日，国务院批复同意山东省调整济南市莱芜市行政区划，撤销莱芜市，将其所辖区域划归济南市管辖；设立济南市莱芜区，以原莱芜市莱城区的行政区域为莱芜区的行政区域；设立济南市钢城区，以原莱芜市钢城区的行政区域为钢城区的行政区域。济南目前共设10区、2县。

济南历史悠长，人才辈出。属于济南市籍的历史名人主要有中国传统医学的杰出代表、战国时代神医扁鹊（本名秦越人），中国古代阴阳五行学说的创始人、战国思想家邹衍，口授今文《尚书》28篇于世的汉代学者伏生，请缨出使南越、为祖国统一事业做出贡献的汉代外交家终军，隋末农民大起义的起义军领袖杜伏威、辅公祏，唐朝开国功臣、一代名相房玄龄和名将秦琼，中国古代三大求法高僧之一唐人义净（俗名张文明），宋代中华词坛婉约派代表李清照、豪放派代表辛弃疾，金元散曲家张养浩、杜仁杰，宋、辽、金三部正史的总裁官张起岩，明代文坛前"七子"之一边贡、后"七子"之一李攀龙，明《宝剑记》等剧的作者、戏曲家李开先，明万历年间文学为一时之冠的内阁大学士于慎行，清经济学家张尔岐，清《四库全书》主要编纂人、藏书家周永年，古文献学家、清《玉函山房辑佚书》的编纂人马国翰，近代民族实业家、"祥"字号商业的代表人物孟洛川等。

济南是重要的全国性综合交通枢纽，是环渤海地区和黄河中下游地区的区域中心城市和山东半岛城市群核心城市，区位优势明显，具有较强的国际服务功能，是山东省面向国内外、实现高质量发展的中枢和内陆开放门户。

济南的电子信息、交通装备、机械制造、生物制药、食品纺织等主导产业在中国有着举足轻重的地位。济南高新技术、信息产业发达，被国家批准成为"中国软件名城"。

第二节 济南欢迎你

纵览泉城今日,因改革开放而蒸蒸日上,因人才汇聚而蓬勃发展。青年之于城市,就如新鲜血液之于身躯。"选择济南 共赢未来"近年来的深耕细作,已成为济南重要的揽才品牌。

机遇叠加、势头强劲,济南是一部动能澎湃的"新引擎";资源富集、优势显著,济南是一方播银收金的"新沃土";舞台广阔、潜力无限,济南是一片筑梦圆梦的"新蓝海"。对这座承载了千万人理想和未来的城市而言,不可或缺的,是梦想。筑就未来名城之梦,济南诚邀莘莘学子一起以蓄势之姿,在追梦路上奋力奔跑,共同憧憬着一次伟大的抵达。

在以习近平同志为核心的党中央的亲切关怀下,2021年4月25日,国务院批复了《济南新旧动能转换起步区建设实施方案》,成为国家重大区域战略中,继雄安新区起步区之后的全国第二个起步区。资源在向济南聚,产业在向济南聚,世界的目光在向济南聚。特别是起步区建设和十大千亿级产业的加速崛起,济南日益成为海内外人才的首选之地、兴业之城。而济南对选择她的人毫不吝啬,聚焦人才发展趋势变化及人才需求变化,不断对人才政策进行优化升级,建设省会人才集聚新高地，打造更具活力的创新创业之城。

　　近年来，济南把人才工作作为加快新旧动能转换、实现高质量发展的重要着力点，全面加强招才引智，大力营造有利于人才创新创业的生态环境，人才吸引力指数居全省第一、全国第八。在强大的人才引擎驱动下，全市经济社会发展保持了良好势头。当前，济南正抢抓黄河流域生态保护和高质量发展重大国家战略机遇，强化"东强、西兴、南美、北起、中优"的发展格局，加快打造"科创济南、智造济南、文化济南、生态济南、康养济南"，建设"大强美富通"现代化国际大都市，这为广大人才施展才华提供了广阔舞台。济南将提供最优厚的政策、最优良的平台、最优质的服务，让人才在济南创业更加安心、生活更为舒心、发展更有信心，与大家共同谱写"创新创业，筑梦泉城"的精彩篇章。

第三节 济南十大千亿产业人才需求分析报告

产业是城市的骨骼。如今的济南,作为产业新城正在发展与崛起,以十大千亿产业为主导、具有济南特色的现代产业体系也日趋成熟。精准把握产业需求,推动人才与产业的全面深入融合,为正处在高质量发展机遇期、关键期、黄金期的济南提供智力支撑,是人才工作的应有之义。

围绕"四个中心"建设和全市经济社会转型发展需要,有关部门针对大数据与新一代信息技术、智能制造与高端装备、量子科技等十大重点产业人才需求情况开展了集中调查,编制了《济南市2019年十大千亿产业人才需求分析报告》,以帮助广大企业和各类人才科学把握产业人才发展需求及未来趋势,加快推进产业与人才深度融合、精准对接,实现产业链、人才链协同发展,为争当走在新时代前列的排头兵提供智力支持和人才支撑。

一、透过产业人才紧缺指数看十大重点产业关键岗位需求

(一)重点企业雇佣前景分析

雇佣前景调查是为了解未来某一时间段内企业在增加还是

减少员工招募方面的意向，净雇佣前景指数是由调查范围内期望在下一年度中增加员工人数的企业所占比例减去期望减少员工人数的企业比例。

2019年，济南市重点产业呈现乐观的招募需求预期，净雇佣前景指数为+45%。其中，大数据与新一代信息技术产业的净雇佣前景指数最高，达+61%，显示出旺盛的招聘需求；6个产业的净雇佣前景指数在+40%以上，分别为生物医药产业+59%、产业金融产业+47%、科技服务产业+46%、医疗康养产业+45%、智能制造与高端装备产业+44%、文化旅游产业+41%，人才需求预期积极乐观；3个产业的净雇佣前景指数在+20%及以上，分别为先进材料产业+24%、现代物流产业+23%、量子科技产业+20%，人才需求预期谨慎乐观。

（二）产业人才供给水平

智能制造与高端装备、现代物流、产业金融产业人才质量水平高度符合企业需求；大数据与新一代信息技术、量子科技、先进材料、医疗康养产业人才质量水平中度符合企业需求；生物医药、文化旅游、科技服务产业人才质量水平相对较弱。

大数据与新一代信息技术、生物医药、医疗康养产业人才流动程度较高；先进材料、现代物流、文化旅游、科技服务产业人才流动程度中等；智能制造与高端装备、量子科技、产业金融产业人才流动程度相对较低。

大数据与新一代信息技术、生物医药、医疗康养产业人才供给量稍少；智能制造与高端装备、先进材料、产业金融、现代物流产业人才供给量少；量子科技、文化旅游、科技服务产业人才供给量相当稀缺。

表1 重点产业人才供给水平

	人才质量程度	人才流动程度	人才供给程度
大数据与新一代信息技术	中度	高度	高度
智能制造与高端装备	高度	轻度	中度
量子科技	中度	轻度	轻度
生物医药	轻度	高度	高度
先进材料	中度	中度	中度
产业金融	高度	轻度	中度
现代物流	高度	中度	中度
医疗康养	中度	高度	高度
文化旅游	轻度	中度	轻度
科技服务	轻度	中度	轻度

（三）紧缺专业分布情况

根据指数模型对紧缺人才的专业类型的统计分析，确定193类紧缺专业，其中"高度紧缺专业"74类，占比为38%。从产业分类来看，各重点产业的紧缺专业分布呈现出不同特征。

表2 紧缺专业的行业分布情况

十大产业	紧缺专业排名
大数据与新一代信息技术	软件工程、电气工程、电子科学与技术、信息与通信工程、机械工程、计算机科学与技术、控制科学与工程、管理科学与工程
智能制造与高端装备	控制科学与工程、机械工程、电气工程、电子科学与技术、电子信息、计算机科学与技术、光学工程、仪器科学与技术、工商管理、管理科学与工程
量子科技	安全科学与工程、材料科学与工程、电气工程、电子科学与技术、电子信息、光学工程、计算机科学与技术、软件工程
生物医药	临床医学、中药学、药学、生物工程、生物医学工程、生物与医药、化学、生物学、软件工程
先进材料	化学工程与技术、材料科学与工程、材料与化工、化学、冶金工程、仪器科学与技术、计算机科学与技术、电气工程、物理学
产业金融	金融、应用经济学、法律、法学、工商管理、理论经济学
现代物流	工商管理、交通运输工程、公共管理、安全科学与工程、计算机科学与技术、机械工程
医疗康养	药学、护理学、口腔医学、基础医学、临床医学、计算机科学与技术、软件工程、工商管理
文化旅游	旅游管理、国际商务、外国语言文学、工商管理、教育学、心理学、新闻传播学、新闻与传播
科技服务	设计学、土木工程、信息与通信工程、材料科学与工程、材料与化工、测绘科学与技术、电气工程、环境科学与工程、机械工程、计算机科学与技术

二、盘点十大千亿产业人才需求存在问题及对策分析

（一）大数据与新一代信息技术产业

1. 存在问题：济南市信息技术产业集聚效应初现，逐步形成了"一圈、两网、两带、四核"的大数据发展战略格局。大数据与实体产业的融合日益紧密，"云计算＋大数据＋人工智能"的复合型高端人才缺乏，现有的数据应用对大数据的利用率不高，难以对行业细分领域的产品和服务进行深加工，企业缺少创新创业活力。

2. 对策分析：选取具有行业价值的细分领域平台，将大数据产业的优秀人才渗透到这些领域中去；鼓励和引进专业中介机构，拓宽大数据与信息技术领域领军人才引进的寻才渠道和范围，在人才扶持政策上对此类人才进行倾斜，提升大数据前沿技术研发水平；加强区域合作，大力开展产业高层次技术人才职业继续教育，为成果转化提供智力支撑。

（二）智能制造与高端装备产业

1. 存在问题：济南市制造业虽有一定基础，但与工业强市相比，在创新能力、产业规模、两化融合等方面仍存在差距。一是服务平台专业性集聚度不够，对国内外人才凝聚力不强，技术交流合作层次不高，服务成效不够明显。二是驻济高校院所、大企业对全市中小企业技术人才辐射带动不足，缺乏中小企业进入高端创新协作平台渠道。三是传统制造业数字化、信息化程度有待提高。四是领军企业的数量和总体规模偏小，产业链构建不完善。五是智能制造需要的高端专业性人才、融合型人才、高技能人才不足。

2. 对策分析：建立高端智能制造人才的技术交流平台，服务人才就业；鼓励大型制造企业、院校与社会资本联合创办技能人才培训基地，支持山东省内外高校院所设立职业技能培训机构；加强人才培训，实现传统制造业的两化改造；加快高技能人才队伍建设，引入第三方中介机构为领军企业招募适合的高端人才。

（三）量子科技产业

1. 存在问题：济南市作为国家"863计划"首个量子通信领域主题项目的实施地，正打造世界级量子信息科学中心、新旧动能转换辐射带动极、量子信息产业国际品牌高地。目前量子信息人才基础相对薄弱，高校学科建设不足。

2. 对策分析：全力集聚量子产业链元素，加快量子信息产业项目的实施；设立如量子网络、信息安全、量子雷达等具有针对性的量子产业领域人才资源的供给地图和专项引进计划，将人才队伍建设和研发任务、量子产业基地建设相结合；依托高校，加快建设和发展如量子通信、量子测量等相关专业培训机构，大力培养专业技术人才，完善产业人才体系。

（四）生物医药产业

1. 存在问题：随着生物医药产业生态圈的逐步建设到位，产品技术不断创新，高层次人才需求日益旺盛，一些关键领域的研发型人才还需要依赖境外高校、研究机构进行培养。

2. 对策分析：鼓励企业走出去，筹建市外乃至海外研发中心吸引人才，以人才集聚来提升产业整体研发能力，可通过一些具有跨地区高层次人才猎聘能力的机构负责当地人才的筛选和招募工作；加大对生物医药企业的研发投入和奖补资金落实力度，加快实现生物医药企业和人才聚集。

（五）先进材料产业

1. 存在问题：济南市先进材料行业人才保留率较低，熟悉工艺技术流程、熟练掌握技术装备及材料应用、具有较强工艺设计、精密加工等产品制造能力的技能人才存在流失。

2. 对策分析：依托重点骨干企业、科研机构、高等院校、产业联盟、协会等实施新材料高端人才培养计划，搭建人才培养平台，选派中青年技术骨干进行培训、交流和观摩学习；支持企业开发利用国内外人才资源，完善更加开放灵活的人才引进和使用机制；依托知名企业和重点项目，采取项目聘用、技术入股等形式，大力引进一批高端新材料专业人才，形成特色新材料开发团队。

（六）产业金融产业

3. 存在问题：传统金融机构与新兴金融业态交互发展，金融模式的增多、金融交易方式的灵活、金融产品的丰富都加大了金融产业对于人才在总量规模、类型构成、空间分布上的需求调整。金融人才存在结构性失衡，跨行业、精通多种业态的复合型金融人才短缺是济南市金融产业面临的主要问题。

2. 对策分析：加大复合型金融人才尤其是金融产业团队的培养，分层次引育紧缺型、领军型、高级管理类和金融产品研发类专业人才；探索产业金融人才特区建设模式，优化

人才奖励资助实施办法，细化人才认定标准。

（七）现代物流产业

1. 存在问题：新一代综合配套物流服务体系发展要求行业人才理论基础扎实、通晓物流活动全局、能够运用物流知识进行物流咨询以及物流研究。目前对于物流人才的培养主要是通过院校培养和社会培训两个途径，毕业生所掌握的技能与企业需求有较大差距，精通物流管理的人才严重匮乏，从业人员素质普遍偏低。

2. 对策分析：提升企业对于现代物流产业的发展认知水平，加大物流领域高级经营管理人才的培养，加强对物流从业人员培训提升综合素质。

（八）医疗康养产业

1. 存在问题：目前养老机构资金投入不足、体制机制构建不到位、医养专业人才匮乏等问题突出，尤其是从事老年医疗、护理、康复机构的从业人员数量不足，质量不高，结构不合理，流动性大。护理人员工资待遇普遍不高，造成了其较低的职业认同感，在一定程度上制约了医养结合服务模式的发展。

2. 对策分析：加强产业人才培养，实施人才科研引领工程，加强医教研合作，加快医生集团落地，营造更加开放的执业环境；鼓励培训机构开展专业技能培训，优化医疗从业人员知识结构符合产业发展需要；加大政策扶持力度，吸引社会资本参与。

（九）文化旅游产业

1. 存在问题：济南市人文景观和自然景观十分丰富，但文化旅游与创意设计相结合的产业还处在起步期，没有形成集聚型的文创基地，文创产品设计人员缺乏。

2. 对策分析：文化创意与旅游业相互结合将成为今后整体旅游行业发展的趋势，需要有更多文化创意领域人才与企业进行合作开发和深耕。研究制定文化旅游产业人才发展规划，依据明确的产业发展方向，系统性优化人才结构，制定产业人才引进与培养计划。

（十）科技服务产业

1. 存在问题：重点行业产业领域人才国际化水平不高，具有国际视野、国际经验、国际能力的人才数量不足，制约了技术革新和产业的升级转型。

2. 对策分析：创新人才引进机制，帮助解决人才和技术本土化问题，把外来人才、项目、技术与本地产业企业相结合；大力优化人才创新创业环境，搭建高层次人才交流平台，及时了解人才需求；加大财政投入力度，为人才创新创业提供政策、资金扶持。

第四节 招引学子逐梦济南,打造就业之都

济南的崛起,是由表及里、由量到质的变化。济南,正在向一座通达之城、魅力之城、重商之城、活力之城、创新之城稳步迈进,并将以前所未有的速度崛起成峰。

人才是经济社会发展的第一资源,更是城市综合实力的重要指标。高校毕业生作为最具有活力的人力资源,是宝贵的人才"金矿"。"促进高校毕业生就业是各级党委政府的重要民生工作。要从思想上高度重视,认真贯彻'以人民为中心'的发展思想,切实把促就业摆在重中之重的位置,招引更多人才选择济南、留在济南,为加快省会建设发展提供坚实的人才支撑,促进社会和谐稳定。"在"选择济南 共赢未来"2019年大学生就业创业大型招聘会上,时任市委书记的王忠林对高校毕业生就业工作做出明确要求。

新时代,新济南;新使命,新作为。作为高校毕业生就业创业工作主管部门,济南市人力资源和社会保障局在中共济南市委、市政府的坚强领导下,坚持就业优先战略和更加积极的就业政策,大力实施"选择济南 共赢未来"就业工程,不断创新高校毕业生就业新路径,制定完善促进就业、鼓励创业的政策措施,有力促进了省会经济高质量发展。济南，正日益成为天下学子的向往之地、创业之都、圆梦之城。

为深挖高校人才"金矿"，济南市先后出台了一系列促进高校毕业生就业创业的政策，力度空前。也正是因为有这样的态度与坚持，济南日渐成为人才"强磁场"。制定印发了《济南市人民政府关于进一步做好促进就业创业工作的实施意见》《中共济南市委组织部等10部门关于转发鲁人社发〔2019〕12号文件做好2019年高校毕业生"三支一扶"计划实施工作的通知》《济南市人力资源和社会保障局等6部门关于做好全市青年见习计划实施工作的通知》《关于转发鲁财社〔2018〕86号文件做好我市就业补助资金管理使用工作的通知》以及配套的大学生预就业工程、公安落户、各类补贴发放等11个实施细则，推出了高校毕业生7项就业和5项创业新政。

一、狠抓制度落实

落实"三支一扶"招募计划。济南市人社局、教育局、财政局等9部门联合印发了《关于做好2019年高校毕业生"三支一扶"计划实施工作的通知》，围绕乡村振兴和扶贫领域，计划招募86名大学生到基层志愿服务，完成"三

支一扶"计划摸底、岗位征集、补充公告、报名审核、笔试、面试、体检和岗位培训等工作。为确保服务期满"三支一扶"大学生"留得下",加大政策落实力度,对2017年以后招募人员,服务满2年且考核合格的,采取考核考察的方式公开招聘为镇事业单位工作人员。2020年是脱贫攻坚收官之年。作为脱贫攻坚的生力军,"三支一扶"计划聚焦脱贫攻坚,为基层输送青年人才;强化培养使用,为基层培养青年人才;完善服务保障,为基层稳住青年人才;畅通流动渠道,为基层留住青年人才;营造积极氛围,弘扬担当奉献正能量,助力优秀毕业生在广阔天地挥洒青春。

实施青年就业见习计划。印发了《关于做好全市青年见习计划实施工作的通知》,将见习人员由择业期内(自毕业之日起三年内)离校未就业山东生源高校毕业生扩大到16~24周岁未就业或失业的青年,并对见习基地建设管理、见习人员生活待遇、做好全程跟踪管理服务做出明确规定。

实施高校毕业生创业引领计划。调整充实完善创业扶持政策,在原有"一贴五补一减免"创业扶持政策体系的基础上,新增加创业场所租赁补贴、创业孵化补贴、创业导师服务补贴、创业师资培训补贴、一次性奖补等政策。每年从失业保险滚存结余基金中安排2亿元作为市级创业带动就业资金。加大创业孵化载体建设,建成省、市、区三级创业孵化基地116家,孵化基地面积300余万平方米,入驻基地创业人员2.1万人，带动就业9.8万人。

二、搭建各类平台

高校毕业生这股年轻血液的流淌方向，不但能体现出各地区当前的就业机遇与发展潜力，也代表着这些地区未来几十年的发展质量。

济南市人社局通过区域合作、部门合作、政企合作、校地合作等方式，依托济南市高校毕业生就业信息网、济南人才网、济南就业创业网等，先后举办了"助力新旧动能转换"大型人才招聘会及卫生类人才专场招聘会。2019年8月13~16日，举办"选择济南　共赢未来"优秀大学生创业就业"泉城行"训练营活动，来自中央财经大学、西安交通大学、山东大学、北京师范大学等国内28所重点院校和韩国全北大学、俄罗斯托木斯克理工大学等国外大学的100名优秀大学生参加，专业涵盖十大千亿产业发展急需的信息技术、生物医药、金融、人工智能、自动化、物流等领域。在媒体发布《致全市企业的倡议书》，发挥企业主体作用，面向济南地域内各企业征集适合高校毕业生的就业岗位，编印成《济南市高校毕业生就业岗位信息汇编》，向驻济高校、各基层人社服务平台免费发放。

三、展现城市温度

济南市人社局在全市组织开展未就业高校毕业生"敲门式"服务,通过实施实名制跟踪管理,做到人员底数清、就业需求清、服务情况清,进一步深化"假如我是他"服务实践,让"温暖人社"更有温度。

开展给毕业生及登记困难失业人员一封信、发放一份就业创业服务清单、开展一次职业指导、制定一份求职计划书或创业计划书"四个一"精准服务,将有就业意愿的离校未就业高校毕业生全面纳入就业帮扶范围,做到登记一人,服务一人;对有求职意愿的开展职业介绍;对需要求职技巧的进行职业指导;对希望提升技能的组织职业培训;对要求积累经验的提供见习机会;对有志创业的落实扶持政策;对就业困难的实施就业援助,使有需要的高校毕业生及失业人员都能享受到相应的政策扶持和就业服务。

第四章 济南市就业政策

高校毕业生是宝贵的青年人才资源，朝气蓬勃的精神面貌、敢为人先的实践动能，注定了他们将成为经济社会发展的生力军。一直以来，济南市将高校毕业生就业创业工作作为重中之重，通过政策引导、创造岗位、技能培训等措施鼓励高校毕业生到城乡基层就业，到重点领域就业，到小微企业就业。通过"大学生创业引领计划"在资金和创业服务方面提供支持，鼓励大学生创业。

为应对新冠肺炎疫情，助力2020届毕业生实现更高质量和更充分就业，济南市出台了一系列吸引大学生就业创业和鼓励企业吸纳大学生就业的政策。贷款免息、一次性奖补、社保补贴、岗位补贴等，为高校毕业生来济、留济就业提供全方位服务。

第一节 就业政策部分（十一项）

一、小微企业招用高校毕业生社会保险补贴

济南市行政区域内工商登记注册的小微企业，招用毕业年度和择业期内的高校毕业生（含技工院校高级工班、预备技师班和特殊教育院校职业教育类毕业生），签订1年（含）以上期限劳动合同（劳动合同须到人社部门备案），并按时为其缴纳社会保险费的（不含补缴），按其实际缴纳社会保险费的金额和时间，给予企业最长12个月的社会保险补贴（不包括个人缴纳部分）。

详情查阅：《济南市公共就业服务中心关于印发小微企业新招用高校毕业生一次性奖补办理流程等有关工作流程的通知》（济就字〔2019〕6号）、《济南市人力资源和社会保障局等5部门关于印发济南市应对疫情落实稳就业政策实施细则的通知》（济人社发〔2020〕2号）

二、小微企业新招用高校毕业生一次性奖补

济南市行政区域内工商登记注册的小微企业，新招用毕业年度和择业期内高校毕业生（含技工院校高级工班、预备技师班和特殊教育院校职业教育类毕业生，下同）就业，签订1年（含）以上期限劳动合同（劳动合同须到人社部门备案），凭4个月（含）以上社保缴费证明材料（不含补缴），按每招用1人补贴2000元标准申领一次性奖补资金。

详情查阅：《济南市公共就业服务中心关于印发小微企业新招用高校毕业生一次性奖补办理流程等有关工作流程的通知》（济就字〔2019〕6号）、《济南市人力资源和社会保障局等5部门关于印发济南市应对疫情落实稳就业政策实施细则的通知》（济人社发〔2020〕2号）

另外，还有中小微企业在新冠肺炎疫情期间吸纳高校毕业生就业补贴。对2020年3月11日至12月31日，中小微企业招用毕业年度高校毕业生、签订1年以上劳动合同并办理就业登记的，每招用1人，给予最高1000元一次性吸纳就业补贴，招用同一名高校毕业生的只补贴1次。该补贴不与小微企业吸纳高校毕业生就业 2000 元一次性奖补重复享受。

详情查阅：《中共济南市委组织部等 15 部门关于进一步做好 2020 年高校毕业生就业工作的通知》（济人社发〔2020〕12 号）

三、高校毕业生一次性就业补贴

小微企业新招用毕业年度和择业期内的高校毕业生，签订 1 年及以上劳动合同并缴纳社会保险 4 个月以上的，按照"由企业随工资发放，据实向市、区县人社部门（经办机构）申领"的方式，向每人一次性发放 2000 元。

详情查阅：《中共济南市委办公厅、济南市政府办公厅关于深化户籍制度改革加快人才聚集的若干措施》（济办发〔2020〕4 号）

四、到十大千亿产业企业就业给予求职补贴

全日制本科及以上学历应届高校毕业生到济南市十大千亿

产业企业就业的，企业可给予1000元一次性求职补贴。（政府发给企业，企业再发给学生）

详情查阅：《济南市公共就业服务中心关于印发小微企业新招用高校毕业生一次性奖补办理流程等有关工作流程的通知》（济就字〔2019〕6号）

五、 职业介绍补贴

济南市行政区域内工商登记注册且持有《人力资源服务许可证》的人力资源服务机构（不包括公共就业服务机构），免费介绍择业期内（毕业3年内）离校未就业高校毕业生（含技工院校高级工班、预备技师班和特殊教育院校职业教育类毕业生）、城镇登记失业人员成功就业，与本市用人单位签订1年（含）以上劳动合同，并按规定缴纳社会保险费，可按介绍成功就业人数申请职业介绍补贴，标准为一次性300元。

详情查阅：《济南市公共就业服务中心关于印发小微企业新招用高校毕业生一次性奖补办理流程等有关工作流程的通知》（济就字〔2019〕6号）

另外，新冠肺炎疫情期间为促进高校毕业生就业，降低了职业介绍补贴的门槛。2020年2月4日至5月4日，经营性人力资源服务机构，市、区县、街道（镇）三级公共就业服务机构，介绍技能型人才（取得国家职业资格证书或职业技能等级证书）和职业院校、技工院校、高校毕业生，到本市企业、个体工商户就业并签订1年以上劳动合同的，经审核确认，按每人300元的标准给予职业介绍补贴。

详情查阅：《济南市人力资源和社会保障局等5部门关于印发济南市应对疫情落实稳就业政策实施细则的通知》（济人社发〔2020〕2号）

六、离校未就业高校毕业生灵活就业社会保险补贴

具有济南市户籍，离校两年内在济南市公共就业服务机构进行失业登记，实现灵活就业并按规定缴纳（不含补缴）社会保险费的全日制普通高校离校未就业毕业生（含技师学院高级工班、预备技师班和特殊教育院校职业教育类毕业生），可申请离校未就业高校毕业生灵活就业社会保险补贴，标准按照济南市灵活就业人员养老、医疗保险参保缴费下限的60%进行计算。

详情查阅：《关于进一步简化离校未就业高校毕业生灵活就业社会保险补贴工作流程的通知》（济就字〔2020〕6号）

七、支持大学生参加就业技能培训

大学生在校期间在我市行政区域内具有相应资质的职业培训机构参加短期就业技能培训，取得职业资格证书（或职业技能等级证书、专项职业能力证书、培训合格证书）的，给予一定标准的职业培训补贴（初级工1000元、中级工1500元、高级工2000元）。在校期间每人补贴不超过3次。同一职业（工种）同一等级一年内不可重复享受。

详情查阅：《济南市人民政府关于进一步做好促进就业创业工作的实施意见》（济政发〔2019〕9号）、《济南市人社局济南市财政局关于转发鲁人社字〔2020〕55号文件做好职业技能提升行动（2019—2021年）专账资金管理工作的通知》（济人社发〔2020〕15号）、《济南市公共就业服务中心关于印发"五类人员"参加职业技能培训等办理流程的通知》（济就字〔2019〕7号）

毕业后，未就业高校毕业生择业期内在济南市行政区域内具有相应资质的培训机构参加短期就业技能培训，取得职业资格证书并与在济企业签订1年及以上期限劳动合同、缴纳社会保险费的，给予最高不超过3000元/人的一次性培训补贴。

详情查阅：《济南市公共就业服务中心关于印发小微企业新招用高校毕业生一次性奖补办理流程等有关工作流程的通知》（济就字〔2019〕6号）

八、在校大学生就业实训

对高校（含技工院校和特殊教育院校）通过聘请相关部门和企业熟悉就业创业工作的专家学者或教师，以组织就业创业政策宣讲、就业指导、就业论坛、招聘会和观摩就业创业实践教育基地等形式，免费对学生开展系统性就业实训的，根据取得培训合格人数、按800元/人标准给予学校补贴。

详情查阅：《济南市人社局济南市财政局关于转发鲁人社字〔2020〕55号文件做好职业技能提升行动

（2019—2021 年）专账资金管理工作的通知》（济人社发〔2020〕15 号）

九、线上培训生活费补贴

离校两年未就业大学生参加线上职业技能培训，完成教学视频学习并经考核合格后，向户籍地街道（乡镇）公共就业服务机构申请生活费补贴。补贴标准为 5 元/学时。申领次数每人每年不超过 3 次，同一职业同一等级不可重复享受。

详情查阅：《关于疫情期间做好农民工等就业重点群体职业技能培训工作的通知》（济人社函〔2020〕5 号）

十、就业见习补贴

对吸纳择业期内（自毕业之日起 3 年内）离校未就业高校毕业生参加见习，按规定支付见习人员基本生活补助（不低于当地最低工资标准）并为其办理人身意外伤害保险的就业见习基地，见习期满后，可向所在区县人力资源社会保障部门申请就业见习补贴。补贴标准为当地最低工资标准的60%。

见习人员参加就业见习满3个月后，第4个月起用人单位可为其缴纳社会保险费，并继续享受就业见习补贴至见习协议规定的就业见习补贴期满。

详情查阅：《济南市人力资源和社会保障局等6部门关于做好全市青年见习计划实施工作的通知》（济人社发〔2019〕29号）

十一、"三支一扶"计划

根据全省统一安排，济南市每年招募一定数量（今年预计140名左右，去年80名）的高校毕业生到基层从事"三支一扶"志愿服务。"三支"是指支教、支医、支农，"一扶"是指扶贫。

这项基层服务项目的前两年为志愿服务，两年服务期满经考核考察合格，转为当地事业编制。转为事业编制后，还要最低服务3年，也就是一共最低5年的服务期。前两年志

愿服务期间发放工作生活补贴，补贴标准基本达到济南市乡镇机关事业单位新录（聘）用高校毕业生试用期满后的平均收入水平。服务满6个月以后还将发放3000元的一次性安家费。转为事业编制人员后，享受当地事业编制在编人员有关待遇。

这项工作全省统一发布招募公告、统一组织报名、统一组织笔试、统一组织阅卷、统一公示拟招募名单等，各设区的市自行组织面试、体检等。招募范围原则为28周岁以下省内普通高校全日制大学本科及以上学历毕业生，以及省外普通高校和国家承认学历的海外高校全日制大学本科及以上学历的山东户籍及湖北户籍毕业生（含非全日制研究生和年龄超过28周岁的2018~2020届毕业生）。各区县根据岗位特点和基层需求可适当将部分岗位学历放宽到专科。莱芜区、钢城区、平阴县、商河县可按不超过50%的比例面向具有本地户籍或本地生源高校毕业生招募。

详情查阅：《中共济南市委组织部等11部门关于转发鲁人社〔2020〕6号文件做好2020年高校毕业生"三支一扶"计划实施工作的通知》（济人社发〔2020〕13号）

第二节 人才政策部分（十九项）

2019年，济南市对"人才新政30条""高校20条"进行优化升级，出台了《关于支持人才创新创业发展的若干政策》（简称"双创19条"）。内容涵盖实施泉城创新创业人才集聚计划、完善创新创业支撑体系、提升创新创业公共服务、创新人才工作机制，着力推进青年人才引进培养、人才发展生态优化等方面改革，加快完善"引进来、留得住、用得好"的人才政策体系。目前，全市人才资源总量达到160万。在2021年5月份发布的2020年城市人才吸引力排行榜上，济南排名跻身全国前十、位居全省第一。

一、人才落户

具有全日制普通中专（含技工院校、职业院校毕业学历）及国家承认的大专以上学历的学历型人员、具有专业技术职称或技术技能等级的技术技能型人员和经市人才办认定的专长型人才，凭有效身份证件、学历证明或技术技能资格证明即可落户。驻济普通大中专院校（含技工院校）在校学生

和非驻济普通高等院校在校学生，凭借本人录取通知书或学生证、户口簿中本人常住人口登记卡或集体户口登记卡、准迁证邮寄地址，即可申请在济南落户。

详情查阅：《济南市公安局关于印发〈贯彻落实《济南市委办公厅济南市政府办公厅关于深化户籍制度改革加快人才集聚的若干措施》全面放开落户限制实施细则〉的通知》（济公通〔2020〕44号）

二、人才安居

企业新引进的全日制本科（含）以上学历毕业生，以及驻济科研院所、医疗机构和市属事业单位新引进的全日制博士研究生，可享受人才公寓或最长3年租赁住房补贴，其中，学士、硕士、博士补贴标准分别为每月700元、1000元、1500元。符合购房条件的全日制博士、硕士研究生家庭在济购买首套住房，可分别享受15万、10万的一次性购房安居补贴。应届高校毕业生可办理期限3年的免费公交地铁卡，市财政予以补贴。

详情查阅：济南人才网

三、顶尖人才集聚计划

对新引进或自主培养的国内外顶尖人才和团队，给予最高1亿元的综合资助。对新当选和全职引进的两院院士等层次的国内外顶尖人才，给予500万元生活补贴。

四、泉城"5150"引才倍增计划

入选的创业人才（团队），给予最高500万元资助；入选的创新人才（团队），给予最高300万元资助；新全职来济创新创业的国家级和省部级人才（团队），给予最高300万元资助。

五、泉城重点产业领军人才支持计划

对入选的创业人才，给予最高300万元项目经费资助；对入选的创新团队，给予最高200万元项目经费资助。

六、产业金融人才集聚计划

对入选人才,给予最高 100 万元的生活补贴。对特别优秀的领军型、紧缺型金融人才,实行"一事一议",享受更高待遇。

七、"泉城学者"建设工程

对柔性引进的人才(团队),给予每人 10 万元生活补贴。对实施的项目,给予最高 100 万元的项目扶持资金。

八、泉城高端外专计划

高端外国专家项目每年资助总额最高 50 万元,最多连续资助 3 年。入选国家、省级重点项目的,给予最高 1∶1 配套资助。

九、"博士后英才"集聚计划

鼓励驻济单位设立博士后科研工作平台，最高给予50万元支持。对新入站全职博士后，按在站实际月数，给予每人每月5000元生活补贴，最多不超过24个月。博士后出站后，在济南市企业和科研类事业单位工作并签订3年以上合同的或在济南市创业的，给予25万元留济补贴。

十、"金蓝领工匠"集聚计划

全职引进或本土培养的世界技能大赛金牌获得者、中华技能大奖获得者、国家级技能大师工作室领办人、全国技术能手，分别给予200万元、100万元、80万元、60万元奖励。对成功创建世界技能大赛、国家级和省级技能竞赛集训基地的，最高给予500万奖补。实施技工院校技能人才培养奖补试点，根据培养层次和在济就业人数，按照每人3000元至5000元标准给予奖补。

十一、"未来之星"成长计划

每年遴选一批国内外知名高校学生,与驻济企业建立人才信用合同,企业给予学费和生活补助,市财政给予企业50%补贴。

十二、大学生追梦济南行动

每年遴选500名国内外知名高校学生到驻济企事业单位及区县开展1个月的实训实践,市财政给予一定生活补助。

十三、留学人员来济创业启动支持计划

遴选一批创新能力强、发展潜力大、市场前景好的海外留学人员初创企业,一次性给予30万元至50万元资金扶持。

十四、Top 200 海外高校留学回国人员费用补贴

济南行政区域内各类企业引进或在济南创办企业的，在全球 Top 200 海外高校进行全日制学习并取得相应学位的留学回国人员，给予最高不超过 30 万元的留学费用补贴。

十五、新动能工程师引进计划

支持企业 5 年内从市外引进 1000 名以上的工程师、工业设计师等一线技术人才，按照正高级工程师每人最高 20 万元、副高级工程师每人最高 10 万元的标准给予企业引才奖励。

十六、"创客之都"人才集聚计划

支持区县联合高校、科研院所、知名公司等，建设创新楼宇、创业街区、众创空间，为在校或毕业 5 年内的大学生

提供低成本或免费创业工位。实施"创客精英"工程，遴选一批优秀创客项目，给予最高 50 万元的跟投资助。

十七、高校毕业生就业面试补贴

毕业 1 年内来济参加面试的非驻济"双一流"高校毕业生，可依据面试通知书和相关票据，一次性申领不超过 1000 元的补贴，由人社部门将补贴资金直接打入毕业生个人支付宝、微信等账户。

十八、驻济高校"留才奖"

凡驻济高校其应届毕业生在济南就业落户并参加社会保险的，按照本科及以下每人 300 元、研究生及以上每人 500 元的标准据实给予高校一次性奖励。

十九、人才工作"一键式"服务

近年来，我市建设了集"中国济南人才网"网站服务和"济南人才"微信服务号、App等手机端服务为一体的高层次人才公共服务信息平台，属全国首创高层次人才移动服务体系。通过这个信息平台，推动服务功能线上统筹、服务流程按需制定、服务需求及时响应的"一键式"服务。

一是整合服务资源信息，推进线下服务数字化。对具体落实高层次人才绿色通道待遇和便利服务的100余家单位进行分类汇总，逐个分配服务二维码。同时，信息平台为通过分类认定的高层次人才自动配发可存入微信卡包、象征人才身份、兼具扫码功能的"泉城人才服务金卡"。高层次人才凭"泉城人才服务金卡"一键扫描机场、火车站、定点医院、公园、健身房等服务场所二维码，即享受VIP通行、绿色就医、旅游健身等绿色通道服务待遇。

二是重塑项目申报流程，推进人才遴选便捷化。根据不同人才工程申报要求定制申报系统，自动生成申报指引及相关表格，实现人才工程项目申报信息一键推送、申报初审一网通办、申报进度一键查询。汇总各类人才遴选及分类认定结果，系统自动生成人才数据看板，对人才总量、人才流

动、紧缺岗位、项目对接等内容进行精准数据分析,提升人才数据价值。

三是建立需求快速响应机制,推进诉求"秒答"常态化。系统后台根据人才个性化需求事项分类目录,将人才诉求及时推送至承办专员,承办专员通过服务平台及时回应,快速办理。高层次人才可通过服务平台对办理流程进行动态跟踪、服务评价、意见反馈。

第五章 大学生职业生涯规划

大学阶段是青年人知识储备和技能形成的重要时期，也是做好未来职业规划的最佳时期。当代大学生在面对全球经济下滑的形势和与日俱增的就业压力时，唯有提早准备、提前谋划，树立正确的目标和远大的理想，并为之努力奋斗，方能实现大学生之于社会、之于家庭、之于自身的能力和价值。

第一节 大学生职业生涯规划概述

一、职业生涯规划的定义

职业生涯规划也叫"职业规划"。职业生涯规划是指个人与组织相结合,在对一个人职业生涯的主客观条件进行测定、分析、总结的基础上,对自己的兴趣、爱好、能力、特点进行综合分析与权衡,结合时代特点,根据自己的职业倾向,确定最佳的职业奋斗目标,并为实现这一目标做出行之有效的安排。

职业生涯规划最早起源于1908年的美国。有"职业指导之父"之称的弗兰克·帕森斯(Frank Parsons)针对大量年轻人失业的情况,成立了世界上第一个职业咨询机构——波士顿地方就业局,并提出了"职业咨询"的概念。从此,职业指导开始系统化。

二、职业生涯的内涵

美国职业心理学家施恩将职业生涯分为外职业生涯和内职业生涯。外职业生涯是指从事一种职业时的工作时间、工作地点、工作单位、工作内容、工作职务与职称、工资待遇等因素的组合及其变化过程。外职业生涯通常可以通过名片、工资单体现出来。名片上标明工作地点、企业的类型、担任的职务、职称等内容；工资单里写明基本工资、岗位津贴、福利待遇、奖金等，这些因素就构成了外职业生涯。内职业生涯是指从事一种职业时的知识、观念、经验、能力、心理素质、内心感受等因素的组合及其变化过程。内职业生涯是通过从事职业时的表现、工作结果、言谈举止表现出来的。外职业生涯的发展通常由别人决定、给予、认可，也容易被别人否定、收回、剥夺。而内职业生涯的发展主要靠自己的不断探索而获得，不随外职业生涯的发展而自动具备，也不由外职业生涯的失去而自动丧失。在职业生涯发展过程中，起更重要作用的是内职业生涯。所以，大学生在选择职业的时候，不要只看重薪水、福利等外在条件，要选择对自己的能力锻炼最大的，对自己今后的职业方向影响最大的工作，毕竟，一个人在工作中形成的素质、能力是受益终身的。

三、职业生涯规划对大学生发展的积极影响

职业生涯规划有利于大学生准确自我定位、理性职业选择、充分开发潜能、不断完善自我、满足人生需要、实现自身价值等。

（一）有助于大学生成功就业

凡事预则立，不预则废。职业生涯规划实际上是一种人生规划，是人生未来发展方向的规划。一位翻译行业的精英谈到，翻译职业是他在大学一年级就选定的职业目标。翻译工作富有挑战性，工作量大，压力也大，必须做好充分的职业心理准备，必须热爱这份职业，必须有扎实的专业知识，还需拓展各个领域的专业知识。要想获得一份理想的翻译工作，就需要在大学期间取得相关专业证书，并利用课余时间或节假日参加实习获得丰富的实践经验，为今后从事翻译职业打下坚实基础。大学生经过专业化、系统化、科学化的职业生涯教育，能够重新发现自己，思考"我是谁""我喜欢做什么""我能做什么"，根据自己的现实情况，合理规划大学生涯，做出个性化的自我培养与能力提升方案，最大限度地挖掘个人的职业潜能，树立正确的职业理想与奋斗目

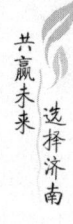

标，进行准确的职业分析与职业定位，有意识地探知未来职业发展前景，积极参加相关的职业培训教育活动，不断提高职业技能和综合能力，培育良好的职业精神，更好地满足社会需求的"人—职"合理配置，有助于大学生高质量就业，获得职业成功。

（二）有助于大学生实现全面发展

大学期间做好职业生涯规划对大学生的全面成长成才具有极其深远的影响。一位建筑行业的生涯人物讲道："做职业生涯规划时，一是要对自己的职业兴趣、性格、技能、价值取向等做深入透彻的分析了解。二是要对工作领域进行探索，如：你眼中的工作世界是什么样子的？实际或现实的工作领域又是什么样子的？你要深入了解自己所向往的工作世界。三是要对自己的职业生涯做理性决策，深入分析影响职业决策的优势因素与劣势因素。四是确定了职业生涯目标后，你要为之做哪些功课等等。"这些都有助于培养大学生的系统思维与思辨能力，提升大学生自我认知水平，探究自己的职业兴趣、性格特点、综合能力和价值观，深刻剖析自己的优势与劣势，准确定位自我和谐目标和生涯路线，提高自我管理能力和实践能力，提高专业技能和职业素养，增强竞争力。同时，也有利于大学生自觉培育和践行社会主义核心价值观，思考人生观、价值观等问题，这些都给予大学生成长的力量，为大学生综合素质的全面提升奠定良好的基础，有助于大学生实现可持续性的全面发展。

（三）有助于大学生实现自我价值

每个人都渴望实现人生价值，大学生更是强烈，但多数大学生对未来感到迷茫与无助，没有职业目标与方向，不知何去何从。一位从事医学行业的人这样说："一份成熟的职业生涯规划，是可以找到人生价值的，即使很累，也从没想过要放弃，还是要有足够的勇气坚持下去，有点像痛并快乐着。这样的精神应该适用于任何一份工作。"一般在同等就业机会下，研究生和有过留学经历的求职者会更具优势。所以，本科期间要刻苦拼搏，力争继续读研或留学深造。同时，更多的职业资格证书能够丰富简历，拓宽职业领域，实现自己的理想。大学生职业生涯规划是人生价值的初步定位，能够对学生进行个性化的职业指导，可以对其一生职业发展道路，即如何准确确定职业目标与选择职业、如何在一个职业领域得到充分发展等进行提前设想和规划，从而架构科学合理的知识结构和素质结构，有效地将行动与规划统一起来，让职业生涯规划为自己的人生目标服务，更好地适应当代社会，实现自我价值的最大化。

四、大学生职业生涯规划的原则

科学合理的职业生涯规划要按照个人职业目标,遵循一定原则进行设计,否则个人的规划将成为无源之水。大学生在设计职业生涯规划时应遵循以下四个原则。

(一)目标导向原则

目标是一个人成功的驱动力,是人生路途中的灯塔,它可以引领一个人的未来,促进一个人的进步,对人生起着重要的导向作用。对大学生而言,选定的目标对其未来的职业发展和人生的价值实现,将会起到重大的影响。因此,新时代大学生必须结合自己的性格特点和兴趣爱好,科学合理地制订属于自己的职业生涯规划,先要说服自己,才能坚持到底。

(二)可行性原则

大学生在制订职业生涯规划时,必须在充分了解自己的基础上(如个人兴趣特长、性格倾向、价值追求等),同时进行深入的社会探索,包括社会需求、行业需求、组织需求等。不考虑自身的实际情况而盲目地制订目标,会使自身陷入迷茫痛苦的泥潭，个人的潜能也难以发挥。大学生作为社会发展的中坚力量，其对未来职业的选择和最终就业目标的实现与发展，必然受社会宏观背景制约，所以，所有的职业生涯规划都不能脱离社会和国家需求，也就是遵循"择世所需"原则。

（三）重视大学原则

大学阶段是未来职业生涯发展规划和探索的关键时期。所以，在大学期间，大学生要积极了解社会，并结合自己的专业以及个人兴趣，培养职业生涯规划意识，尽早为自己的未来选定一个发展方向，未雨绸缪，放眼于未来，同时又要着手于当下，制订一个适合自己生活、学习乃至日后工作的具体计划。大学生职业生涯规划的核心就是要科学地规划在校期间的各种活动，包括功课学习、日常生活、社团协会活动、社会实践活动等。大学校园为每一位大学生提供了更大的平台，只有在大学期间获取更多的知识，接受更多的技能，才能在未来的职业生涯中尽情发挥个人的潜能和才华，从而取得成功。大学不能直接赋予大学生职业，却为新时代大学生提供了良好的学习环境，对未来的职业生涯奠定深厚的基础，赋予较高的职业起点，满足更高层次的人生需求。

（四）长期性原则

很多事情是无法预见的，职业生涯规划也不可能一次性完成，大学期间做的规划会因为环境发展、行业前景、个人准备等因素改变。所以在制订职业生涯的具体措施时，要充分考虑变化发展性因素，如目标和措施是否根据所处的行业、城市、环境、关系的变化而调整，调整跨度及范围有多大，是否有弹性或缓冲性。职业生涯规划是长期的规划，甚至是一生的规划，大学生在校期间能做的也许是规划近三年或近五年的职业生涯，当大学生步入社会，在职场上积累了足够多实践经验的时候，就需要再次梳理自己，看看那时的自己具备什么，社会需求什么，再次进行职业生涯规划，适时调整自己未来的发展方向。

第二节　大学生该如何进行职业生涯规划

职业生涯规划的重点在实践，如果仅仅把它当作大学期间的一门普通课程就大错特错了。一个人的职业生涯占据了生命中绝大多数的时间，每名大学生在走出校门后将何去何从，很大程度上取决于自己在大学期间的规划和积累。针对当前毕业生面临的就业问题，结合传统职业生涯规划方法，建议大学生从以下五个方面去规划自己的职业生涯。

一是了解社会，了解行业。通过科学分析和采集信息等方式去了解现在的就业市场和热门行业。

二是结合专业，寻求定位。先明确行业，再结合自己的专业、性格、爱好等确定自己在行业中的职位。

三是勇于尝试，注重积累。很多同学不愿迈出就业的第一步，总是在等自认为最合适自己的职位、总是在等条件待遇最优厚的职位、总是在等发展前景最好的职位，殊不知万事开头难，不迈出求职的第一步，怎知人生百态、酸甜苦辣，要相信所有的失败、所有的挫折都会是今后最宝贵的财富。

四是制订规划，深入实施。根据后文提到的"5W"方法制订一个不超过3年的短期规划，并有效实施。

五是不断完善，审时度势。要根据自己在实践中遇到的困难和成功的经验，及时调整计划，反省自我，修正自我，并继续前进。

（一）认知行业、熟悉行业

想要了解一个行业，首先要把行业进行分类，行业发展按阶段分为形成期、成长期、成熟期、衰退期，企业所在行业处于什么发展阶段，对大学生未来的发展至关重要。从短时期收益和长期发展两方面考虑，建议大学生选择成长期和成熟期的行业作为就业方向。那如何判断行业的发展阶段呢？在这里给大家三个方法。

一是通过广告。回顾2005年前后，电视里播的都是学习机、电视机、羊绒衫、方便面等广告。当时全国城镇居民的人均可支配收入仅在万元左右，大多数的家庭还处于奔小康的道路上，家庭消费重心理所应当是食品、家电、纺织等。而随着人均收入的增加，移动互联网的飞速发展，人们对物质、文化的需求也进一步提高，使更多新兴行业应运而生。现在打开电视，占据广告位主力的是化妆品、保健品、电子产品、汽车、房产信息等，这些行业正处于快速成熟期。所以大学生如果不了解行业，或者说不知道如何去了解行业，最简单的方式就是看哪个行业的广告投放量最大。

二是通过每年的福布斯或者胡润排行榜来了解行业发展。

从 2020 年 2 月发布的胡润全球百富榜可以看到，排名前十的有 3 家互联网企业，4 家房地产企业，1 家医药企业，1 家物流企业，1 家家电制造企业，这与当前社会的发展是契合的。众所周知，当前互联网行业风头正劲，随着近 20 年的发展，互联网的发展已经成为一场划时代的革命，并且没有衰减的势头，所以互联网行业总体来说还有很大的发展前景。地产行业目前来看仍处于成熟期，但未来发展如何还不好判断，这与国家发展态势和相关政策导向有密切关联。物流行业随着不断整合和优胜劣汰，也逐渐步入了寡头垄断阶段。以顺丰和"三通一达"为代表的物流企业近几年受益于网购的兴起而发展迅速，也是处于成熟期的行业。所以通过富豪榜，我们大致可以了解哪些行业在盈利，哪些行业在扩张。

三是从招聘岗位需求和薪资水平来判断。毕业生习惯通过前程无忧、智联招聘这样的求职网站去寻找合适的就业岗位，有用人需求的企业同样也会运用这些平台招贤纳士。因此，毕业生可以通过招聘信息，了解各个行业的薪资待遇、发展情况以及用人需求，从而收集更多的资讯来谋划自己的职业生涯。

（二）结合专业专长，寻求自我定位

职业定向越早越好，而职业定位不宜过早。职业定向之

所以越早越好，是因为毕业时大家可能面临十几种甚至几十种的职业选择，这里面包含着很多的行业，选择哪个行业也就意味着选择了今后的发展方向。第一份工作对毕业生来说是十分重要的，如何把握住这次决定命运的机会，就需要在大学四年中做好职业定向。为什么职业定位不宜过早呢？因为当大家确定了方向，通过求职招聘进入工作岗位后，一般会在行业内最底层、最基础的工作做起。但随着经验的积累、对行业的不断了解，以及取得的成绩来看是可以对职业规划再进行调整的。比如毕业生进入了一家建筑企业，一开始领导会让其从招投标学起，后来随着工作经验积累和日常的学习，慢慢开始接触实地项目，接触设计图纸，此时该生就应该把自己的职业生涯短期目标定位为项目经理，而不再是市场专员或是文员，也就是职业定位要随着职业发展不断调整。

有些同学说，不知道自己的专长是什么，性格怎么样，优势是什么。按照高校职业生涯课程的内容要求，需要大家去做一些测试，如霍兰德职业倾向（兴趣）测评。结合测试结果来预测或者判断自己更倾向于哪一种职业。

（三）勇于尝试，注重积累

一天，一位报社的年轻记者去采访日本著名企业家松下幸之助。年轻人很珍惜这次采访机会，做了认真的准备。因此,他与松下幸之助先生谈得很愉快。采访结束之后,松下先生亲切地问年轻人:"小伙子,你一个月的薪水是多少?"年轻人不好意思地回答:"薪水很少,一个月才一万日元。"松下先生微笑着对年轻人说:"很好!虽然你现在薪水只有一万日元,其实,你知道吗?你的薪水远远不止一万日元。"看到年轻人一脸的疑惑,松下先生接着说:"小伙子,你要知道,你今天能争取到采访我的机会,明天也就同样能争取到采访其他名人的机会,这就证明你在采访方面有一定的潜力。如果你能多多积累这方面的才能与经验,就像你在银行存钱一样,钱存进了银行是会生利息的,而你的才能也会在社会的银行里生利息,将来能连本带利地还给你。"许多年后,已经做了报社社长的年轻人,回忆起与松下先生的谈话时,深有感慨:对于年轻人来说,注重才能的积累远比注重薪水的多少更重要,因为它是每个人最厚重的生存资本。

这个故事所阐释的道理,正是当前毕业生在选择就业时常常忽略的,那就是经验的积累是最为宝贵的财富。实践是大学毕业生实现成才目标最基本的途径。一个人的知识和能力只有在实践中才能发挥其作用,也只有反复实践才能检验出自己的能力和水平,才能不断进步,最终取得成功。

学校生活和社会生活是有差距的，其运行规则大有不同。这种环境的隔离，往往使得"象牙塔"里的大学生对社会的认知过于简单化、片面化和理想化。适者生存，不适者淘汰，大学生应在适应中求发展，如充分利用就业见习、社会实践、兼职等机会，体验职场规则，了解就业形式，锻炼组织管理能力、心理承受能力、人际交往能力和应变能力等，有助于大学生找到与自己知识水平、性格特征和能力素质相匹配的职业。对社会和环境的适应应该是主动地、大胆地走向社会，把握各种实习和兼职机会，主动寻求就业，而不是被动地"等、靠、要"，只有把自己的内职业生涯充实丰富起来，才有资格去争取更好的外职业生涯。

（四）制订规划，深入实施

许多职业咨询机构和心理学专家在进行职业咨询和职业规划时，常常采用一种"5W"的思考模式。

第一个问题"Who am I？（我是谁？）"应该进行一次深刻地反思，对自己有一个比较清醒地认识，将优点和缺点一一列出来。

第二个问题"What will I do？（我想干什么？）"是对自己职业发展的一个心理趋向的检查。每个人在不同阶段的兴趣和目标并不完全相同，但随着年龄和经历的增长而逐渐固定，并最终锁定自己的终生理想。

第三个问题 "What can I do?（我能干什么？）" 是对自己能力与潜力的全面总结。一个人的职业定位最根本的还要归结于他的能力，而职业发展空间的大小则取决于自己的潜力。对于一个人潜力的了解应该从几个方面着手去认识，如对事的兴趣、做事的韧力、临事的判断力以及知识结构是否全面、是否及时更新等。

第四个问题 "What does the situation support me to do?（环境支持或允许我干什么？）" 这种环境支持在客观方面包括本地的各种状态比如经济发展、人事政策、企业制度、职业空间等；人为主观方面包括同事关系、领导态度、亲戚关系等，两方面的因素应该综合起来看。有时我们在职业选择时常常忽视主观方面的东西，没有将一切有利于自己发展的因素调动起来，从而影响了自己的职业切入点。而在国外通过同事、熟人的引荐找到工作是最正常也是最容易的。当然，我们应该知道这和一些不正常的 "走后门" 等歪门邪道有着本质的区别。这种区别就在于环境支持是建立在自己能力之上的。

明晰了前面四个问题，就会从各个问题中找到对实现有关职业目标有利和不利的条件，列出不利条件最少的、自己想做而且又能够做的职业目标，那么第五个问题有关 "What is the plan of my career and life?（我的职业与生活规划是什么？）" 自然就有了一个清楚明了的框架。最后，将自我职

业生涯计划列出来,建立个人发展计划书档案,通过系统地学习、培训,实现就业理想目标:选择一个什么样的单位,预测自己在单位内的职务提升步骤,个人如何从低到高逐级而上。例如从技术员做起,在此基础上努力熟悉业务领域、提高能力,最终达到技术工程师的理想生涯目标;预测工作范围的变化情况,不同工作的要求及应对措施;预测可能出现的竞争,如何相处与应对,分析自我提高的可靠途径,如果发展过程中出现偏差,如果工作不适应或被解聘,如何改变职业方向。

（五）以更高的需求为目标,定期梳理自我

职场上常说,计划赶不上变化。对于自己碰到的问题,需要及时调整发展规划,一成不变的发展计划有时形同虚设。

欲望和追求是前进的动力。著名的马斯洛需求层次理论提出,人有五个层次的需求,即生理需求,安全需求,归属需求,尊重需求,以及自我实现的需求。当低层次的需求基本满足以后,个人才有可能关注并致力于高一层次的需求。这些需求体现在我们的生活中,通过欲望和需求产生强大的驱动力,带动消费,成就行业发展。

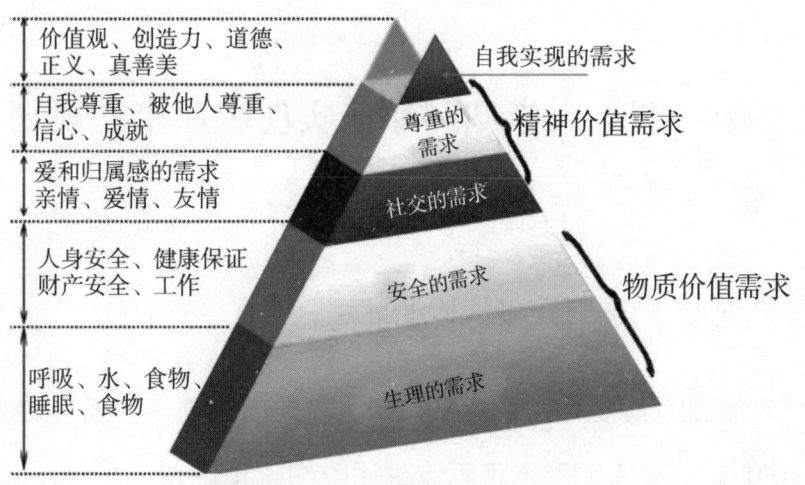

马斯洛需求层次理论图

同时，不断完善自我，不断提升内职业生涯才是一个职场人永恒不变的职业规则。所以定期梳理自我是一生要做的事情。成功没有捷径、奋斗没有止境，当我们的内职业生涯达到一定水平的时候，外职业生涯便会水到渠成。这也是我们现在经常听到的，要树立终身学习意识，即常说的"活到老，学到老""学无止境"。

第三节 大学期间如何实现职业生涯规划

（一）树立正确的职业理想

职业理想是指人们对未来职业表现出来的一种强烈的追求和向往，是人们对未来职业生活的构想和规划。任何人的职业理想必然要受到现实的制约。社会发展的需要是职业理想的客观依据，凡是符合社会发展需要和人民利益的职业理想都是高尚的、正确的，具有现实的可行性。大学生的职业理想更应把个人志向与国家利益和社会需要有机地结合起来。职业理想在人们职业生涯规划过程中起着调节和指引作用。一个人选择什么样的职业，以及为什么选择某种职业，通常都是以其职业理想为出发点的。大学生树立职业理想的过程，便是心目中进行职业生涯设计的过程，一旦在心目中有了自己认为理想的职业，就会依据职业理想的目标，去规划自己的学习和实践，并为获得自己认为理想的职业而去做各种准备。

（二）构建合理的知识结构

知识的积累是成才的基础和必要条件。人们常常把一个人掌握知识的多少作为衡量水平高低的标准，其实是太过绝对了。单纯的知识储备并不足以表明一个人真正的知识水平，大学生不仅要具有足够的知识储备，还必须要形成合理的知识结构，没有合理的知识结构，就不能发挥其创造的功能。在规划职业生涯时，大学生要能够根据职业和社会不断发展的具体要求，将已有知识科学地重组，建构合理的知识结构，最大限度地发挥知识的整体效能。

新时代对未来人才的知识综合性结构提出了更高的要求，要求大学生既能很好地适应社会需要，又能充分体现个人特色；既能满足专业要求，又有良好人文修养；既能发挥群体优势，又能展现个人专长。构建合理的知识结构没有捷径可走，只能通过学习和积累，采取适合自己的科学方法，持续不断地付出艰辛的劳动，辛勤耕耘。

（三）培养职业需要的实践能力

综合能力和知识面是用人单位招工的依据。用人单位不仅要考核其专业知识和技能，而且还要考核其综合运用知识的能力、对环境的适应能力、对信息的整合能力和实际操作的能力等。大学生进行职业生涯规划时，除了构建自己合理的知识结构外，还要具备从事本行业岗位的基本能力和专业能力。从某种意义上说，能力比知识更重要，大学生只有将合理的知识结构和适应社会需要的各种能力统筹起来，才能

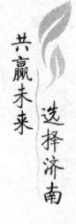

立于不败之地。一般来说，大学生应重点培养满足社会需要的决策能力、创造能力、社交能力、实际操作能力、组织管理能力和自我发展的终身学习能力、心理调适能力、随机应变能力等。

（四）参加有益的职业训练

职业训练包括职业技能的培训，对自我职业的适应性考核、职业意向的科学测定等。目前，在校大学生可参加由政府组织的各类就业培训项目，除此之外，各高校邀请成功校友回校与大学生座谈，邀请校外知名人士来校与大学生交流，鼓励有条件的大学生利用假期到父母或亲戚单位实习，鼓励大学生从事社会兼职工作，组织学生开展模拟性的职业实践活动，开展职业意向测评，开展职业兴趣分析测评等。大学生应主动积极参加有益的职业训练，更早更多地了解职业，掌握职业技能，正确地引导自己的职业设计。

除了以上几个方面，大学生在做职业生涯规划时，还应培养良好的道德修养和健康的心理素质，比如正确对待择业挫折和敢于竞争、善于竞争的心理素质等。

（五）给大家的五点建议

1. 行动要趁早，轻装上阵，拼尽全力向前冲。每个成长阶段都要承担与年龄相匹配的责任，大多数人到 30 岁左右要考虑家庭问题。所以要想行动就趁早，轻装上阵，千万不要太早享受安逸。

2. 坚持不懈，有效投入，力争成为某个领域的专家。在任何领域想要成功，都至少需要10000个小时的磨炼。

3. 平时做好准备，才能得到机会的垂青。如果没有遇到机会，不要抱怨，首先要反思自身哪些方面准备不足。在努力过后，当机会来临时，才能准确把握，不留遗憾。

4. 不让坏习惯成为自己工作中的绊脚石。拖延懒惰；汇报工作只谈问题，不谈对策；领导交办的事没有答复等，都将阻止你的职场提升。

5. 利用各种形式充电。学历是敲门砖，能力是试金石。厚度的积累在于不断强化学习能力，要给自己不断培训、进修的机会，否则职业发展原地踏步。

第六章

大学生求职技巧

求职是一场没有硝烟的战争。撰写简历、筹备面试是我们应聘工作时必然会经历的过程，但现在的毕业生由于缺乏经验和技巧，在求职时很难把自己的优势展现出来。

2020年，全国毕业生数量达到874万，海归毕业生近80万，由于经济增速放缓以及疫情影响，很多企业放弃了社会招聘，只保留了校园招聘，部分公司甚至出现了裁员现象。虽然大学生求职并没有外界所说的"毕业即失业"那么夸张，但想在庞大的劳动力市场找到一份适合自己的薪资待遇、发展前景都满意的工作并不是一件容易的事。所以，在校大学生要尽早掌握一些求职面试的技巧，以应对未来残酷的竞争。

第一节　如何制作简历

对于简历，大家都是有一定了解的，也曾亲自制作过简历。简历说白了就是自我推销的工具，毕业生通过简历内容来展示自己的优势和过往，从而赢得面试的机会。但广告也分好坏，好的广告自然会让人过目不忘，起到的效果也事半功倍；而失败的广告则让人心生厌恶，避之不及。

一、简历的重要性

一般而言，企业校招都是遵循如下流程：首先，企业会跟高校就业部门联系，确定招聘的时间、地点，在约定的时间到高校举办宣讲会；其次，在宣讲会上企业会介绍发展情况、岗位信息、招聘要求、工资待遇等内容；再次，同学们结合自身条件和求职意向选择合适的岗位投递简历，并与人力资源做简单交流；最后，企业的 HR 对所收简历进行筛选，确定面试名单，再通过后期的面试确定最终录用名单。这里我们就能看出简历的重要性了，在面试之前，HR 会通过简历对应聘者做出初步评估，由此来决定是否给一个面试

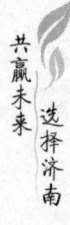

机会。好的简历会说话,能够在极短的时间内告诉 HR 我就是最合适的人选。据统计,世界 500 强企业,每周都会收到近两千份的电子和纸质简历,而 HR 阅读每份简历的时间为 10～15 秒,如何在十几秒内让 HR 对你的简历产生兴趣,这就要求毕业生掌握简历制作的精髓。

二、简历制作的基本原则

实事求是是简历制作的基本原则,但也是最难做到的一点。很多毕业生在大学期间成绩平平,收获荣誉寥寥无几,实践经验乏善可陈。为了能赢得职位便在简历上夸大其词、无中生有、投机取巧,殊不知这些自欺欺人的小把戏也许能让你进入面试,但却使你失了信誉。所以不要把 HR 当傻瓜,也不要把自己没有做过的事、没有取得过的成绩写在简历上,因为在职场上,老板宁可用一个能力一般但讲诚信的员工,也不会用一个能力出众但偷奸耍滑的员工。诚信是最为宝贵的东西,能力不足可以通过努力不断弥补,但诚信一旦丢掉就很难再挽回了。

三、如何写出高质量简历

一份好的简历必须遵循三个标准：一是内容上要突出与应聘岗位相匹配；二是表述要具体、简洁、有条理；三是模板符合规范，方便查找信息。

在写简历之前，同学们首先要做的就是对大学生活进行一次全面且详细的梳理。虽然写一份简历也许只会花费1~2个小时的时间，但简历中所体现的内容实际上从大家步入大学校门的那一刻起就开始书写了，而整个大学时期就是我们充实和丰富自己简历内容的过程。梳理的内容包括基本信息、求职意向、教育背景、荣誉奖励、专业技能、校园活动、社会实践、特长爱好、自我评价等几个方面，这就相当于为自己建立一个大学经历的数据库，方便我们随时从数据库中获取与岗位信息相关的内容，而不必在每次制作简历时绞尽脑汁地回忆过往。一份简历的核心是突出自己与岗位相匹配，让HR通过简历就知道你是他们想找的人。所以通过简历，我们要讲清楚三件事，即"我是谁""我想干什么""我能干什么"。其中，"我是谁"对应基本信息，"我想干什么"对应求职意向，"我能干什么"则对应教育背景、实践经历、个人技能、荣誉奖励、特长爱好、自我

评价等内容。

（一）基本信息

填写基本信息就是按照建立的模板填写个人情况，包括姓名、性别、民族、籍贯、学历、毕业院校以及照片等内容。唯一的要求是实事求是，重点是学历（全日制和非全日制的区别）和照片（切忌过分修图）。另外，提醒大家不要添加无用信息（除非岗位要求），如星座、血型、身高、体重等。

（二）求职意向

求职意向要简洁明了、直奔主题，目的是让HR清楚应聘者具体想竞争哪一个岗位。首先看一个错误示例："求职意向：要求能提供基本福利保障，未来有发展空间"。很多毕业生都会将自己的求职意愿写得像上面这样含糊不清、毫无重点，因为很多毕业生也确实不清楚自己的求职意向是什么。还有一部分同学这样写："求职意向：期望不断完善自己，发挥自己特长的同时又尊重团队精神，以专业知识和社会交往能力以及发展自我为基础，寻求在各企事业单位的文秘、策划、编辑、文书、广播、传媒、公关等相关文职。"这样写看似全面，实际上是在让HR帮你做选择题。正确的写法是对照招聘简历，直接写明一个具体岗位名称。

如"求职意向：行政助理职位"。这样写言简意赅，让HR明确知道你想应聘哪个岗位。因此，求职意向虽然只有短短一行，却是简历中最为核心的内容，明确的求职意向能够快速地让HR了解你，并明确下一步考查方向，这才是"好简历"。

（三）教育背景

大多数同学的教育情况比较简单，一般都是这样写：2017年9月~2020年6月，××大学××专业硕士；2013年9月~2017年6月，××大学××专业学士。对于学霸而言，在写教育背景的时候也可以把求学期间的经历和成绩凸显出来，比如成绩优异，就可以把学分以及排名写在学习经历后面，或者在求学期间有过比较亮眼的经历，如到国外名校做交换生、保送读研、读博等，都可以在教育背景中列出。

还有一种写法，可以在填写教育背景时调整一下表述顺序，以有利于突出专业与职位的匹配。如2017年9月~2020年6月，金融学硕士，××学校。这种把专业写在前面的表述适用于"双一流"学科的毕业生，便于突出专业的优势。

（四）工作经历或实习经历

丰富的实践经验是HR最为看重的要素。但现实中，很

多同学会把工作经历或实习经历写成编年史、流水账，疏于对信息的提炼，导致内容庞杂烦冗、缺乏重点，与岗位匹配度不高，自然不能引来关注。比如下面这位同学，他的实习经历是这么写的：

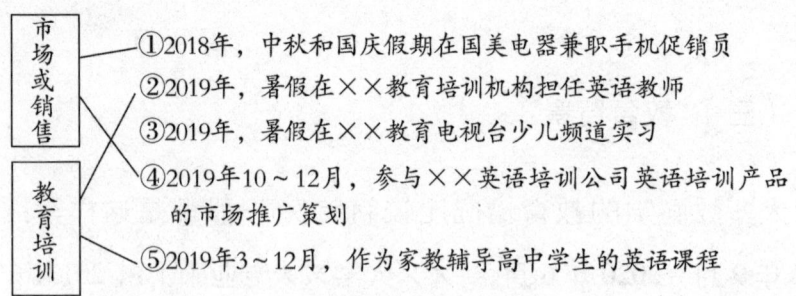

缺乏工作和实习经验是现在大多数毕业生存在的问题。在制作简历时，同学们恨不得把所有曾经有过的实习经历、参与的实践项目都写在简历上，满满当当，却毫无用处。简历所写的工作实习经历一定是针对应聘岗位的，如果应聘教育培训岗位，只需要写上述第②⑤项，如果应聘销售或者市场岗位，只需要写上述第①④项。

撰写工作经历或实习经历也是有技巧的，90%以上的简历都存在一个严重问题，即求职者会把岗位职责和日常工作内容填在"工作经历"一栏中，而对于自己工作的业绩和成果，却只字未提。但HR往往并不想知道应聘者之前做过什么，而只想知道做的业绩如何、有哪些工作成果。

首先，给大家介绍PAR法则。PAR法则是在制作简历时的一个原则：P代表问题（Problem），指个人背景和工作经历的总体概述；A代表行动（Action），指曾经从事的工作内容、实习情况等；R代表结果（Result），指取得的业绩、成绩等。P部分不是重点，如果没有亮点，可以略过直接写A的部分；A部分是重点，要写得详细，比如解决了什么问题，有什么贡献，等等，同时要突出强调个人在整个过程中发挥的作用；R部分要用简洁的话语阐明工作影响和结果，以及自己的贡献和价值。通过PAR原则，可以把简历中的逻辑理清，使自己的简历具体又生动。

其次，要充分运用数字凸显自己的能力和卖点。如少用"进步最快、重要贡献、成功方案、显著提高"这样的形容词，而使用数字来表现工作量、工作效率以及工作成果，会更有说服力和吸引力。"显著提高"不如"半年内将产量提高30%""次品率从9%下降为2%"，"成功方案"不如"解决了企业累积3年的债务纠纷"等，才能给HR留下更深刻的印象。

最后，要多使用专业术语凸显专业性。比如很多大学生兼职发过传单，我们不妨改称"多渠道传播产品信息"；打字速度快不如写成"文字处理能力强"；在商场做促销可写成"为某个产品进行市场推广"，这样写既专业又概括。

很多同学在撰写这部分内容时还会遇到另一个问题，就是自己在大学期间并没有特别亮眼的实践和经历。其实，说

缺乏实践，不如说缺乏从专业角度去分析和解读实践经验的能力，所以学会根据应聘岗位对过往经历进行匹配性解读非常重要。就拿大学生做家教的实践经历来说，做家教可以挖掘出哪些能力呢？下面通过3个表格，来看3位同学的表述说明。

表3　第一名同学运用PAR法则写的简历

实践经历：家教	突出能力：营销能力
问题（Problem）	2017年5月，寻求暑期家教工作机会
行动（Action）	设计宣传广告及广告语在学区小区的宣传栏张贴，在58同城发布信息，通过老师、朋友寻求家教信息
结果（Result）	一周接到两份暑期家教订单

表4　第二名同学运用PAR法则写的简历

实践经历：家教	突出能力：解决问题能力、创新能力
问题（Problem）	2017年5月~2018年5月，辅导高三学生理综
行动（Action）	结合学生实际合理设计辅导进度，内容采用讲、练结合的方式进行辅导
结果（Result）	学生理综成绩由辅导前的200分左右提升到"三模"245分，报酬由起初的50元/时涨至120元/时

表 5　第三名同学运用 PAR 法则写的简历

实践经历：家教	突出能力：自我管理能力、执行力
问题（Problem）	2017 年 5 月～2018 年 5 月，辅导初中学生数学和物理课程
行动（Action）	每周做家教不少于 8 小时
结果（Result）	一年累计家教收入 18000 元，独立承担了学费及生活费

综上，对一件事情从不同视角进行解读，就可以总结归纳出不同的能力。通过分析、归纳、提炼，毕业生可以在自己的实践经历中发掘出应对不同岗位的多种能力，这就为撰写简历提供了内容依据。

（五）所获奖励荣誉

在写这一部分的时候，毕业生大多都会按照时间正序或者倒叙的方式罗列自己在大学期间所获得的所有荣誉。这里给大家推荐另外几种写法：一种是将荣誉按照类别分类，比如可以分为学术类、社团类、文体类，这种写法给人感觉在校期间十分活跃、发展全面、综合素质较高；另一种写法是按照所获荣誉的级别来写，可以按国家级、省级、市级、校级、院级依次罗列，这种写法对那些所获荣誉级别比较高的同学更有用，能够迅速把 HR 的注意力吸引到最高级别的奖励，从而增加面试概率。在撰写这部分内容的时候，也可以通过列举排名、参赛人数等方式突显这个荣誉的含金量。比

如参加全国机器人大赛，所在队伍从全国3000多支队伍中脱颖而出摘得金奖；再如参加门萨智商测试评分150，此成绩超过98%的参评者。总之，就是想方设法突出自身优势，证明某方面能力完全能够胜任岗位需求。

（六）自我评价

自我评价实际是很难的，于是很多毕业生就在网上找到类似模板抄写在自己简历上，如"本人性格开朗，稳重踏实，待人热情真诚，工作认真负责，积极主动，能吃苦耐劳，能承受压力。勇于创新，有很强的组织能力和团队协作精神，具有较强的适应能力，纪律性强，工作积极配合，意志坚强，具有较强的无私奉献精神。"当然，这些话出现在简历上并没有任何问题，但也传递不了什么实际的信息，任何一名毕业生都可以用上述词汇来描述自己，所以我们称这样的表述为正确的废话。还有的同学这样写："本人有极强的协调能力、良好的沟通意识及表达能力，精通各种办公软件及公文写作能力，具有大型会议的演讲和主持经历；熟悉营销，能够制定营销策划书，具有优秀的组织策划执行力和团队领导力。"这样虽然能把自己的能力一一列出，但是说服力不强。"拥有极强的协调能力"，怎么证明？"具有大型会议的演讲和主持经历"，哪次会议？多大规模？反响如何？总给人一种不自信的感觉。在这里教大家一种写法，就是将具体事例通过动词加数量词的句式来描述。如"擅长组织协调和综合管理，在大学期间任院系学生会主席，策划过××级迎新晚会、××年度辩论赛、演讲比赛等20余次院系大型活动；有丰富的专业实践经验，曾在大三暑假到××企业实习两个月，全程参与××项目的技术组工作；热心公益，富有爱心，曾主动申请加入我市某公益爱心组织，参加过30余次社区困难人员帮扶和公益宣传活动"。这样写的优点是生动简洁，具有导向性，能非常具体地讲述自己做过的事情，充分展现自己与职位匹配的能力，自信地向HR展现自己，给人留下非常深刻的印象。

所有内容都写完后，还要注意上下内容的逻辑，再三检查是否词不达意，是否有错别字，杜绝一切低级错误。总之，切忌一份简历用到底，要根据不同的企业、不同的岗位适当修改简历的内容，突出自己与应聘岗位要求相匹配的能力和优点。

第二节　如何写求职信

求职信又称自荐信或自荐书,是求职人向用人单位介绍自己情况以求录用的专用性文书。随着就业竞争越来越激烈,求职信的使用频率也逐渐提高,有时候在投递简历时附带一封求职信可以增加求职成功的概率,起到毛遂自荐的作用。一封好的求职信,可以拉近求职者与招聘主管之间的距离,获得更多的面试机会。那么,如何才能写好求职信呢?

一、求职信的构成要素

求职信属于书信范畴,所以其基本格式也应符合书信的一般要求,包括称呼、引言、正文、结尾、落款等。

(1)称呼。顶格写在第一行,后用冒号,另起一行写问候语"您好"。称呼一定要恰当,要比一般书信正规,视不同单位要有所区别。对于那些不甚明确的部门,可以写"组织人事部门负责人""尊敬的领导"等;对于负责人非常明确的,可以写出他的职务、职称,如"尊敬的张经理""尊敬的王部长"等。

(2)引言。包括姓名、所在单位(就读学校)、所学专业、预计毕业时间等基本信息。该部分要说明应聘原因和目的，引起招聘主管的兴趣，使吸引他看完求职材料。

（3）正文。这是求职信的中心部分，形式可以多种多样，一般需要说明求职信息来源、应聘岗位、个人的优势特长等。简历中已存在的具体内容和细节最好不要在求职信中重复出现。

（4）结尾。留下自己的有效联系方式，并表明希望对方给予答复，盼望有机会进入面试。后面应写上简短的表示祝愿、敬意之类的话语，如"祝贵公司蓬勃发展""顺颂安康"等。

（5）落款。署名和日期。署名一般写在结尾祝词的下一行的右后方。日期应写在名字下面。

二、求职信的注意事项

（1）语气自然。写信就像说话一样，语气可以正式，但不能僵硬。

（2）通俗易懂。写信要考虑读者对象的知识背景，语言直截了当，不要使用生僻词语、专业术语。

（3）言简意赅。在确保重点突出、内容完整的前提下，尽可能简明扼要，切忌面面俱到。

（4）具体明确。不要使用模糊、笼统的字眼，多使用实例、数字等具体说明。

三、求职信要避免的四个误区

（1）不够自信，过于谦虚。求职者应当在信中强调自己的强项，即使不可避免地要说明自己的弱项，也没有必要那么坦率。

（2）过于强调成绩。许多求职者为了取悦招聘单位，再三强调自己的成绩，而忽略了经验与能力对职位的重要性。

（3）语气过于主观。对于招聘单位来讲，他们大都喜欢待人处世比较客观与实际的人，因而求职者在信中需要避免使用"我认为""我觉得""我想"等字眼。

（4）措辞不当，造成反感。写求职信最忌用词不当，例如，"有我这样的人才前来应聘，你们定会大喜过望"。对方看到这样的词语，怎么会不反感呢？

简历和求职信是择业中最重要的广告，是面试的敲门砖，所以一定要精心打造，紧密围绕用人单位和职位的需求来展示自己能够胜任的能力。在撰写时要换位思考，从 HR 的视角来看待自己的简历，懂得层次分明、逻辑清晰、合并同类项，突出自己的专业知识技能、自我管理技能和可迁移技能，特别是可迁移技能，这是用人单位最为看重的。还要牢记"细节决定成败"，在细节上多下功夫。成功的求职信和简历多种多样，但有一点是共同的，那就是都会在精炼的文字里成功地"推销自己"。

第三节 获取招聘信息的渠道

准备好了材料,就要到就业市场上去推销自己,从哪里获取招聘信息就成了关键。在这里给大家梳理了当下大学生获取求职信息的九个渠道。

(1)通过政府毕业生就业工作指导、服务机构了解需求信息。每个省(自治区、直辖市)、市乃至县的人社部门,都有主管毕业生就业工作的机构。这些机构一般都不同程度地掌握着本辖区内的毕业生需求信息,毕业生可以咨询、筛选适合自己的岗位。像济南市人力资源与社会保障局就有人力资源市场可以现场登记个人信息求职,不挑不拣24小时内就可获得一个就业岗位,同时也有济南公共求职招聘平台线上实时发布招聘信息,供大家选择参考。

(2)通过所在学校毕业生就业指导和服务机构了解需求信息。所有学校都会采取各种方式向社会收集需要本校毕业生的信息、招聘会信息,毕业生应该经常关注校园官网、微信公众号等信息发布平台,随时掌握招聘动态。

(3)通过多种形式的毕业生就业"双选"、招聘会得到需要的信息。每年10月开始,政府所属的毕业生就业指导和服务机构、人才服务机构和高等学校,都会召开各种形式

的毕业生"双选"和招聘活动。2019年,济南市分别在7月和11月举办了两场"选择济南 共赢未来"招聘会,取得了很好的效果。学校内举办的活动主要是提供毕业生和用人单位见面的机会,促进了解,方便各自掌握对方信息,毕业生可以在会上与就业单位达成就业意向。

(4)通过网络了解需求信息。现在是移动互联网时代,通过各类招聘网站、App获取就业信息已成为越来越多的毕业生了解社会需求的重要途径。现在许多省的毕业生就业工作或指导、服务机构都建立了专门的毕业生就业信息网。山东省的网站是"山东高校毕业生就业信息网",只要是从山东高校毕业的学生,都有一套账号可以登录,完成毕业生实名登记、档案查询、获取岗位信息、就业签约等操作。同时一些专业招聘网站和大的门户网站也都可以为毕业生提供就业信息和求职相关的咨询服务,毕业生能够从这些网站上得到许多有益的信息。

(5)通过新闻媒体了解需求信息。各类报刊、广播电台、电视台时常发布一些招聘信息,但适合毕业生的信息不是很多,查阅时要注意筛选。

(6)通过书籍、资料了解需求信息。这类材料主要指企事业单位的介绍、招聘海报、宣传单页等。济南市人社局每年都会面向全济南市高校毕业生在就业见习基地与全市企业单位征集就业岗位和见习岗位,将征集的岗位汇编成册,免费发放至各级公共就业和人才服务机构、各人力资源和社会保障服务中心以及有需求的毕业生手中。

（7）从当地的人才市场和毕业生就业市场了解需求信息。几乎所有的大中型城市都有这样的常年性固定场地。每周六上午，济南市公共就业服务中心会在经十路22399号举办固定的大学生专场招聘会。

（8）通过亲友介绍了解需求信息。这是最普遍也是比较有效的方式。

（9）通过实习、勤工助学、参观等方式了解需求信息。一部分大学生就是通过毕业实习落实接收单位的。

在这个信息爆炸的时代，能获取信息的渠道太多了，如何高效率地找到适合自己的工作，如何甄别信息的真实性和可靠性，也是大学生需要积累的经验。给大家的建议是，广撒网和重点捕捞相结合。要像捕鱼一样，多在不同的时间、不同的地点尝试，积极参加各类有规模和有影响力的现场招聘会。在现场招聘会上，对感兴趣的企业和单位，可以在投简历的同时与现场招聘人员沟通交流，多做比较，来确定自己的价值和整个行业的现状。总之一句话，只有经历过，感触过，甚至失败过，才能真正体会到求职的艰辛和不易，也会让我们更加慎重地看待就业，更加珍惜获得的就业机会。

第四节 面试技巧

当我们获得用人单位提供的面试机会，距离应聘成功就又近了一步。面试是求职者之间的正面交锋，也是一次面对面地向企业展示自己能力和才华的机会。从过往经验来看，面试逆袭的情况比比皆是。但对于一部分毕业生来说，面试却是他们的伤心地，有些人天生就不善于表达，不善于展示自己，还有一些毕业生由于经验不足、心理素质较差导致在面试场上会发挥失常，从而丢掉职位。面试对于毕业生来说是一道必须迈过的坎，特别是销售、讲师这类岗位，语言的表达、演讲的能力、呈现的状态等因素都会是重点考查的内容。所以，掌握一些面试的技巧有助于毕业生在面试中展现出自己最自信、最优秀的一面。

一、面试失败的原因

如果企业没有选择你，肯定是面试中出了问题。失败乃成功之母，我们可以从别人的失败案例中吸取很多经验教训，并引以为戒，避免自己在面试中踩到雷区。在面试中，毕业生普遍存在以下几个问题。

前期准备不充分。原因：思想上不重视，准备不细致，存在侥幸的心理。主要表现在自我定位不准，期望太高；事先未对应聘单位和目标工作进行深入细致的了解；对面试中可能涉及的问题准备不充分；心理准备不足，面试时情绪紧张，缺乏自信。

欠缺礼仪和修养。原因：没有学习职场礼仪，缺乏待人接物的经验。主要表现在时间观念不强，面试迟到；不注重仪表的修饰，穿着随意或不符合面试要求；面试过程中不注意运用恰当的肢体语言、注意力不集中、言行不礼貌、心高气傲；缺乏诚信，简历弄虚作假，如夸大获奖记录和社会实践内容；过于看重薪金和待遇，总想获取不愿付出。

缺乏自信，不善于展示和推销自己。原因：和个人性格有关系。主要表现在缺乏面试经验，不知道如何在面试中展示自我；面对提问不知所措，无法理解面试官所提问题的要义；说话声音小，口齿不清，不会运用肢体和眼神传递信息。

二、面试前的准备工作

从接到通知到正式面试，一般会有一周左右的准备时

间,毕业生可以结合自己的优势和不足,有针对性地开展面试前的备考。可以从以下三个方面做好应试准备。

(一)着装部分

工欲善其事,必先利其器。进入职场前,必要的行头还是要有的。首先要准备一套面试着装,作为应聘者,面试官的第一印象是十分重要的,而第一印象大部分来自仪容着装,因此无论是企业面试还是公务员面试,都建议穿正装。

表6 女生面试时的着装要求

项目	要求
套装	外套建议黑色为宜,款式以经典职业装为主,不宜过于前卫;裙装的裙子长度不宜太短,以到膝盖或膝盖以下为宜。衬衣建议穿长袖衬衫,在外套袖口漏出3~5厘米最好,如是V领,则开口不宜太低。夏天可以直接穿短袖衬衫,但不能穿无袖的。颜色建议白色或淡蓝色
鞋袜	建议穿中性色或肉色袜子,丝袜建议多备一双。鞋子建议穿浅口、轻便的,鞋跟3厘米左右比较安全,颜色在黑色、海军蓝、紫红色或棕色之中挑一个与衣服饰品搭配的
配饰	不要戴手链、夸张的耳饰,最好不要超过一件首饰
包袋	不要太高调、浮夸
发型	不管长发还是短发,面试前必须梳洗整洁,长头发最好挽起,发型可根据服饰搭配,发色不要太夸张
妆容	适当的淡妆,不要浓妆艳抹、香气扑鼻,不要用颜色明艳的指甲油,尽量用健康色

表 7 男生面试时的着装要求

项目	要求
西装	建议以黑色为宜，最好是纯色，不要有条纹或格子等，款式选择经典西服套装，不要过于前卫，后背不要开衩，面料最好选择不易缩水的毛料
衬衫	建议选择面料挺括的白色长袖衬衫
领带	建议扎传统条纹或者几何图案的领带，并注意与西装、衬衣的颜色搭配，最好不要使用领带夹，长短以领带末端位于皮带扣为宜
袜子	颜色以深色为佳，不要有明显的图案、花纹，也不要穿较透的丝质袜子，更不要穿白袜子；袜子不要过短，以免坐下后露出脚踝和小腿
皮鞋	款式选择正装皮鞋，建议黑色，这与白衬衣、深色西装一样，属于最稳重、最保险的色调，要保持鞋面清洁
配饰	不宜戴饰品，手表除外
发型	不宜留长发，面试前要洗头，刮胡子

（二）信息准备

信息准备是面试最为重要的一环，可以说面试是否成功，前期的准备占到了80%，而前期准备方面，信息准备又占到了80%。毕竟面试是一个交流的过程，也是信息互换的过程，如何在面试中展现出自己是最适合这个岗位的人选，不单需要专业的知识积累，更需要临阵磨枪去了解应聘企业和应聘职位的有关信息，来增加成功的砝码。在这里给大家举个例子，有这么一位小王同学，他在毕业前参加了施耐德电气公司的面试。面试官问他："你了解我们公司

吗？"小王说："我知道施耐德电气是一家在工业领域实力相当雄厚的德国公司。"面试官很快打断了他的发言："对不起，我们是一家法国公司。"小王同学的回答显然犯了一个很大的错误，导致张冠李戴，说明面试前没有做足功课。面试官的重点是找适合企业的员工，因此在面试时要做的就是向面试官证明：我是最合适的人选。这就要建立在应聘者对应聘职位的了解和企业的认同上，如果应聘者对该企业一无所知或者知之甚少，则会被面试官视为没有做过准备，被淘汰也是必然的。从这个例子中，毕业生们要意识到，在参加面试之前需要了解应聘公司，了解应聘职位，了解相关的行业状况，这样才能更好地回答面试问题。相关的问题还包括"为什么想到本公司来工作""为什么想应聘这个职位""你觉得自己适合这个岗位吗""为什么选择这个行业"等，回答好这些问题都需要应聘者对企业、对岗位有充分的了解。

1. 了解应聘公司

在收到面试通知后，应聘者要充分利用好这几天准备时间，通过各种渠道了解公司的方方面面，包括公司的历史文化、主要业务、发展状况、部门职能、主要客户、产品品牌、新闻动态、招聘理念等。比如，要去大众汽车公司应聘，首先要登录官网了解企业的相关信息，因为官网的信息是最权威的；其次要知道自己应聘的是哪家大众，是上海大众还是一汽大众；然后是了解旗下的品牌、车型、销售量、受众群体、市场口碑，如果应聘的是技术研发还要了解每款车型的具体参数等；最后建议应聘者去专业的求职论坛、贴吧搜集资料，查找热心网友或者曾经参加过该企业面试人员的经验分享，运气好的话甚至可能会找到面试题目。

2. 了解应聘职位

在了解企业的同时，更要了解自己应聘的职位。不同职位在面试时考查的方向是不同的，这就要求应聘者必须充分了解自己将要担当的是什么工作。应该如何知道某个岗位对应聘者的能力要求呢？这里介绍一个简单有效的方法：每家公司不论是500强还是小微企业，在招聘简章中都有一项叫作对应聘者的需求。比如招聘的是销售岗位，在列明了学历、专业、工作经验等要求后，往往还有一些抽象性的描述，如踏实认真、具有团队合作精神，或者是喜欢挑战性的工作、能适应经常出差等等。在面试中，应聘者比拼的就是是否符合这些抽象性的表述，如招聘信息上写明"喜欢挑战性的工作"，那么应聘者在面试时就要着重强调自己在这方面的优势，展现出勇于接受挑战、愿意跳出舒适区、能够适应各种环境的特质。因此，只要是招聘信息上提到的，必定是企业看重的能力和素质，也就是这个职位的核心要求。所

以,在面试前一定逐字逐句地推敲应聘者的需求,然后围绕这些要求准备面试的问题。只要这些都准备好了,像刚才提到的如"你能为我们做些什么""你为什么能胜任这个岗位"等问题,自然就很容易回答了。

3. 了解行业状况

如果还有余力和时间,应聘者可以再搜集一些企业所在行业的信息,包括当前行业发展态势、行业前三名企业、未来发展趋势预测等,这样能让应聘者在回答问题时呈现出更宏观的答案,让面试官了解到你对这个行业有自己的理解和见地,同时也让面试官认为你选择这个行业不是一时冲动,而是经过深思熟虑、有长远规划的。另外,在面试中回答譬如"你看中我们公司的什么""你认为我们给你开多少工资合适"这样的问题时,就可以站在更高的角度去回答,从而给面试官留下深刻印象。要在短时间内了解一个行业,并且在面试中表现出来自己的理解和认知,这样谈的深度可能不够,但只要应聘者表述有逻辑、没有过激的用词,一般通过面试不会有太大问题。

4. 复习相关专业知识

如果应聘者竞争的是技术型岗位,除了做好面试的常规准备外,还应该针对可能涉及的专业知识进行必要的复习。

虽然笔试时已经复习过，但是在面试前再巩固一次还是很有必要的。俗话说"临阵磨枪，不快也光"，即使复习的内容没有考到，对自己树立信心也是很有帮助的。

5. 了解面试流程和类型

面试的形式有很多种，在参加面试前要明确面试的方式，是一对一、一对多，还是无领导小组讨论，面试有几轮，用中文还是外文，面试官是公司高层、HR还是部门领导。不同面试方式考查的重点不同，应对的方式也有区别，这里简单介绍一下结构化面试。我们熟知的公务员、事业单位面试通常采取的就是这种形式。之所以叫结构化面试，是因为整场面试的内容、形式、秩序、评分标准及结果等构成要素，都按照统一的标准和要求（一场考试一套题，能够保证最大限度的公平）。结构化面试能帮助面试官发现应聘者与招聘职位职业行为相关的各种具体表现，在这个过程中，面试官可通过题目考查应聘者的各种能力和综合素质，并且通过这些要素来判断应聘者是否能胜任这个职位。

6. 预测面试问题

下面整理了几个面试官可能会提出的问题。

（1）面试官首先会让应聘者进行自我介绍，因此要求应聘者准备一份自荐书，如果应聘的是外企，外文版自荐书也

要准备一份。自荐书一般不需要太长，一页纸足够，对于足够自信的朋友，可以跳出模板，以讲故事或者游记的形式来介绍自己。如某位同学喜欢旅游，就把自己的西藏之行作为自我介绍的主线，围绕这次行程来阐述自己的能力优势和对工作的认知，会给面试官耳目一新的感觉，自然会留下深刻印象。如果没有太多亮眼的经历，就按照模板来介绍自己，一般内容包括基本信息、能力阐述（展现与职位匹配）、工作或实践经历等，建议像写简历一样，多用"动词+数量词"的写法来突出成绩，少用形容词，便于HR为你画像。

（2）HR会根据求职意向问"为什么想到本公司来工作"。面试官问这个问题的目的一是考查你对公司是否了解，二是考查你的求职动机，看看你是否属于"海投"简历，或是考查你的职业定位和职业规划是否清晰。应聘者可以从专业对口、相关经验、语言优势、更高平台、看好未来发展等方面来回答。"你认为自己适合这个岗位吗？"这类问题可从职位特点来入手，根据胜任职位所需要的能力、素质、品质来列举自己的事例，用过去的事实说话，让面试官信服。

（3）开放性问题。这类问题一般没有标准答案，但有一些坑不能踩，如："这份工作很枯燥，你怎么看？"这类问题主要考验应聘者是否有足够的心理准备应对枯燥工作，实际上任何工作干时间长了都会枯燥，关键还是看你如何从枯燥工作中找到目标和成就感。可以这样回答："我认为任何工作都有枯燥的一面，但我们要学会在枯燥的工作中寻找到闪光点。我曾在××公司物流岗位实习，每天就是负责录入客户资料和货物信息，这虽然看上去很无聊，但我逐渐熟悉了客户的需求，总结了各类商品的流向，将各类数据汇总后提供给市场部门，帮助公司提前续约了几家重要客户。"

"你对工资报酬有什么样的要求？"无论什么样的企业，面试官问这个问题只有三个目的：一是判断这个职位是否能留住你；二是从答案中判断你的职业选择标准，借此评估你的职业态度；三是以此考验你对自己能力的评估，是否有足够的自信心。所以，对于没有工作经验的毕业生而言，回答这个问题建议是先给出一个工资范围，再告诉面试官给出这个范围的理由，同时重申自己的优势。这就需要我们提前做功课了解行情、了解企业的薪资结构。

（4）向面试官提问。一般面试到最后，面试官往往会以一种自然且有礼貌的口气问应聘者："今天的面试就到这里，你还有什么问题要问吗？"有的同学一听面试要结束了，不由长舒一口气，立马放松下来，甚至会随意地说一声"没有了"，之后匆匆结束面试。其实，面试最后环节的提问是很关键的，这个看似可有可无的问题实际是对应聘者的一项终极考查。通过这个问题可以了解到应聘者是否为面试做过充分准备，是不是一个思想上有见地、有深度的人，应

聘者的答案会反馈给面试官很多信息。因此,在回答最后提问的时候要注意以下三点:①注意面试官身份。如果是HR,就围绕培训、职业发展以及公司整体情况提问;如果是业务部门经理,最好问与自己应聘职位职责相关的问题;如果是企业高管,可以围绕公司和全行业发展前景提问。②察言观色,注意面试官的个人状态。如面试官面露疲态则应尽早结束,如表现轻松则可以深入交流。③避免尴尬,所提问题不能太刁钻,不能太直接。如"公司现在面临最大的困境是什么"或者涉及公司机密的问题。如果面试官有经验有涵养,会化干戈为玉帛,微笑反问"你觉得呢",然后由你来谈这个问题。另外,除非面试官主动提起,否则不要提关于工资、福利、休假、出差等敏感问题。

(三) 心理准备

对于大多数应届生而言,第一次面试时都会紧张和怯场,所以前期准备的最后一环就是克服紧张情绪,尽力展现出自信的一面。首先,要有一颗平常心对待面试,要做好承受挫折的准备,即使面试失利也不要灰心,机会是创造出来的,这次不行还有下次。其次,要克服紧张情绪,心态平和才有利于临场发挥,面试前多通过深呼吸、整理服饰来缓解压力,面试中要尽量与面试官保持目光的交流,这样才能建立起友善关系。最后,找到合适自己的语速,面试时回答问题时卡壳或者结结巴巴，很有可能就是语速过快造成的。不管平常说话语速快慢，建议在面试时要有意放缓自己的语速，让字一个一个地从嘴里清晰地吐出来，速度慢了思路也就跟上了，不容易出现卡壳、断片的情况，自然也就不紧张了。

三、面试中的注意事项

面试是一个招聘方与应聘者相互博弈的过程，也是一个沟通交流的过程。对于招聘方来说，是通过面试甄别出所需要的人才；而对于应聘者来说，应充分利用面试时间展示自我、推销自我。各类面试考查的无非是应聘者以下几方面的能力：一是语言表达能力。口齿是否清晰，用词是否准确得当，表达是否清晰易懂，叙事是否有条理；二是临场应变能力，包括面对压力的反应，自我情绪的控制，思维是否敏捷，应急解决方法是否可行有效；三是组织协调能力，就是与人打交道的能力，有无主动与他人合作的意识，与他人是否能够有效沟通，如何处理复杂的人际关系，在遇到困难时是否会帮助他人或合理寻求他人的帮助，等等；四是综合分析能力，能否透过现象看到本质，能否合理分析问题并提出对策，有没有创新性的思维等；五是求职动机，是为了钱还

是为了前途等；六是举止和仪表。如果是企业，可能还会考查你的专业知识、实践经验、工作态度和上进心等等。

（一）应聘者的四个层次

（1）答非所问。应聘者在面试中不能理解面试官的问题，回答的答案与面试官的问题相差甚远。这种应聘者难逃被拒的命运。

（2）云山雾罩。应聘者在面试回答中说了一大堆，有答到点子上的，也有跑题的，思路混乱，前后矛盾。多数情况下，这类应聘者也会失败。造成这种现象的主因是缺乏面试经验和长期的知识积累，临时抱佛脚，在面试中慌了神。另外，有很多的面试辅导班要求学员背模板、背套话，在面试中看似说了很多，实际全是废话，驴唇不对马嘴，这样也很难成功。

（3）切中要害，答案适中。这类应聘者在面试问答过程中能够切中面试官的意图和兴趣所在，也能够稳定发挥，回答好面试官的问题，最终通过面试。

（4）挥洒自如，享受面试。这类应聘者更像是经验丰富的谈判专家，摸清了面试官的底牌，在面试中反客为主，不但能够通过面试，还能为自己争取到最大利益。要做到这一点，不仅需要具备律师一样的口才和缜密的思维，还要有推销员一样的自我营销手段，甚至需要有与生俱来的幽默和出众的魅力。

（二）细节把控

总的来说，面试是表述内容与现场展示的结合体，内容部分主要体现在面试前的准备工作，现场展示则是面试当天表现的部分。企业选择你可能有很多理由，但是不用你可能只有一个原因，所以从进入面试场地到离开，这期间的一举一动都要规范和得体。

（1）敲门。在进入面试房间之前，无论房门是否关着，都必须敲门。不敲门就进入是非常不礼貌的行为，敲门通常为连续两三次轻敲，等有回应再进去，之后轻轻关上房门，整个过程自信大方、面带微笑。

（2）握手。对于应聘者来说，如果面试官主动伸手，应回以坚定而温和的握手。这就要求应聘者要保持手的清洁和卫生（指甲不要过长和有污物，手心最好没有汗，握手力度适中，面带微笑）；如果面试官不主动握手，一定不要上前和对方握手，不然会被别人误解你们认识或者伸出手没人应会很尴尬；握手时间1~2秒，不能太久，尤其对方是异性的时候（公务员面试是不存在握手环节的）。

（3）入座及坐姿。要等面试官示意后再就座，如果是大会议室，对面有很多人，应聘者要选择正对中间面试官的位子坐下；入座时不要紧张，不要让椅子发出拖拽的刺耳声

或者剧烈的碰撞声；入座后将椅子调整到合适位置，保持良好坐姿，上身挺直，坐椅子的三分之二或一半；如果有桌子，双臂交叉置于桌面，如果没有桌子就双手置于大腿上，不论什么情况，不要跷二郎腿或者抖腿；头部自然摆正，眼睛正视面试官。

（4）表情。表情是语言的另一种表达方式，通过表情能表现出自信、紧张、惶恐、犹豫等情绪。在面试过程中，应聘者要把微笑贯穿始终，尤其是在回答问题时，通过面部表情传递友善、尊重和理解，树立良好的形象。为了表达听懂了提问或者对某一观点有共鸣，也可以适当地点头示意。同时如果有余力，还应主动观察面试官的表情和反应，比如面试官心不在焉，说明表述的内容没有吸引他，需要转移话题；如果面试官侧耳倾听，说明自己音量太小或者口齿不清楚，要做适当调整；如果面试官皱眉或者摇头，可能说明言语有不当之处，要及时修正。

（5）手部动作。如果应聘者接受过演讲方面的训练，可以在适当的时候增加手势，这样可以为面试加分，否则不要有手势。另外，不要有手部小动作，如抓耳挠腮、转笔、抠指甲等。

（6）礼貌用语。如参加公司面试，开场可自我介绍：我是某某某，很荣幸参加今天的面试。如参加公务员面试：各位考官上午好，我是某号考生。结束时，要表示感谢。

每答完一题要说答题完毕。结束时可以简单推销自己:"作为某某大学的硕士毕业生,我具备担任这个职务所要求的基本能力和素质,同时我对这个职位有着浓厚的兴趣,希望我能得到这个机会。"如果面试官对你的答案有回应,可以说:"感谢您对我做出了中肯的评价,并帮助我对自己有了更清楚的认识。非常感谢各位面试官抽出宝贵时间对我进行面试。"收拾好桌面,摆好桌椅,轻开轻关房门离开。

(7)其他细节。务必不能迟到,手机应关机或静音,不要大声接打电话,不要当众补妆和抽烟。

四、面试后要做的工作

(1)首先,在主动问询之前,给企业留下足够的考虑时间。如果面试官在谈话时明确表达了等候回音的时段,那么最好等过了这个时段再联系。如果公司方没说明具体等待期限,则至少等一星期后再联络。求职者在等待时间内一定要耐心等候,不要过早打听面试结果。

(2)发一封电子邮件。为了加深招聘人员的印象,增加求职成功的可能性,面试后的两三天内,应聘者最好给招聘人员写封 E-mail 表示感谢。这封信应该简短地谈到对公司的兴趣,过往的经历和自己可以帮他们解决的问题。感谢信

的结尾可以表示对自己的信心，以及为公司的发展壮大做贡献的决心。

（3）保持联系，争取机会。如果两星期之内没有接到任何回音，可以给 HR 打个电话，问公司方是否已经做出了决定。这个电话可以表示出你的兴趣和热情，还可以从他的口气中听出你是否有希望。

另外，还要注意一些细节。一是时刻保持手机畅通，不要在此期间更换手机号（至少要将原手机号保留一段时间）。二是不要做对身体有伤害的活动，如过度饮酒、熬夜、剧烈运动等。尤其是本身体质较差、有遗传病史的同学，要按时服药调理身体，保证各项指标正常，确保顺利通过体检。

在求职的道路上，免不了四处碰壁，免不了遍体鳞伤，每个人的求职过程、成长经历都不是一帆风顺的，但当你成功的时候，再回过头来看这一段经历，你会感谢它，感谢它让你成长；你会被自己感动，感动于自己挺了过来；你会感激参与这段经历的所有人，不论是给予你帮助的人还是把你拒之门外的人；你会感悟到生活的不易，成长的不易。精彩人生无处不在，当感谢、感动、感激、感悟过后，你才会真正体会到自己之于家庭、之于工作、之于社会的意义。

第七章 大学生职业素养培养

找到一份适合自己的工作，不仅关系到个人生存问题，也和人生尊严、幸福感息息相关。解决大学生就业难问题，不仅需要政府和全社会的共同努力，更需要大学生提高自己的职业素养和职业道德，尽快成长为具有高水平、高素质的综合性人才。

第一节 职业素养的基本概念

一、职业素养的内涵

职业素养是指人类在社会活动中需要遵守的行为规范，是职业内在的规范和要求，是在职业过程中表现出来的综合素质。简单地说，就是个人职业行为的总和构成了自身的职业素养，职业素养是内涵，个体行为是外在表现。它是衡量个人能否胜任所处位置、体现个人在职场中能否适应的智慧和素养。

职业素养是个很大的概念，专业是第一位的。除了专业，职业道德也是必备的，尤其体现在职业生涯中，体现在个人日常生活中，就是个人的品格素质与道德修养。

二、职业素养的分类

职业素养大体可分为两个类别：显性职业素养和隐性职业素养。素质冰山理论认为，个体的素质就像一座水中漂浮的冰山，水上部分的知识、技能仅仅代表表层的特征，不能区分绩效优劣；水下部分的动机、个性、自我意识才是决定人的行为，鉴别绩效优秀者和一般者的关键因素。大学生的职业素养也可以看成是一座冰山，冰山浮在水面以上的只有1/8，它代表大学生的形象、资质、知识、职业行为和职业技能等方面，是看得见的、显性的职业素养，这些可以通过各种学历证书、职业证书来证明，或者通过专业考试来验证。而冰山隐藏在水面以下的部分占整体的7/8，它代表大学生的职业意识、职业道德、职业作风和职业态度等方面，是看不见的、隐性的职业修养。显性职业素养和隐性职业素养共同构成了所应具备的全部职业素养。由此可见，大部分职业素养是隐性的，但正是这7/8的隐性职业素养决定、支撑着外在的显性职业素养，显性职业素养是隐性职业素养的外在表现。

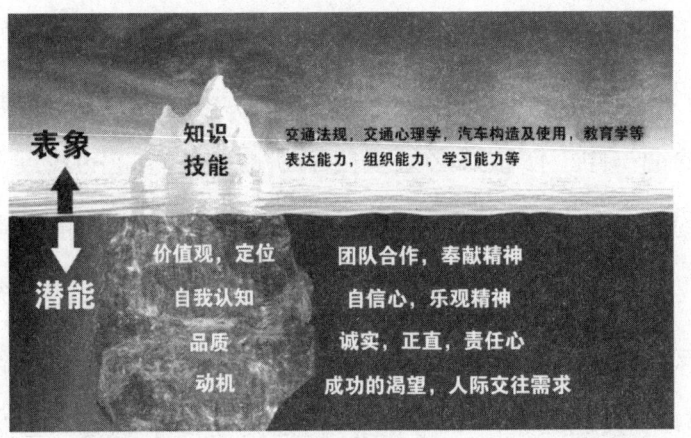

素质体系的冰山模型

三、职业素养的基本要素

（一）职业信念

职业信念是职业素养的核心。良好的职业素养包括良好的职业道德、正面积极的职业心态和正确的职业价值观意识，这是一个成功职业人必须具备的核心素养。良好的职业信念应该由爱岗、敬业、忠诚、奉献、正面、乐观、开放、合作等这些关键词组成。

（二）职业知识技能

职业知识技能是做好一个职业应该具备的专业知识和能

力。俗话说"三百六十行,行行出状元",没有过硬的专业知识,没有精湛的职业技能,就无法把一份工作做好。

要把一件工作做好必须坚持不断地关注行业的发展动态及未来的趋势走向;要有良好的沟通协调能力,懂得上传下达,左右协调,从而做到事半功倍;要有高效的执行力。研究发现,一个企业的成功30%靠战略,60%靠企业各层的执行力,其他因素占10%。执行能力是每个职场人必须修炼的一种基本职业技能。

不同职业有不同职业的知识技能,每个行业有每个行业的知识技能,学习提升职业知识技能是为了让我们把工作做得更好。

(三)职业行为习惯

对于职场新人来说,养成良好的职业行为习惯无疑是做好工作的前提条件。行为习惯,顾名思义,可以理解为行为和习惯的总称。行为是指受思想支配而表现出来的外在活动,习惯则是积久养成的生活方式。在职场中,好的行为习惯能够帮助你高效率、高质量地完成工作。

第二节　大学生应具备的职业素养

（一）思想道德素质

1. 要有敬业精神

古往今来，事业上有所成就者，大凡离不开两条：一是有强烈的事业心和责任感，二是锲而不舍的勤奋和努力。这两条的有机结合，即为敬业精神。孟子说："天将降大任于斯人也，必先苦其心智，劳其筋骨，饿其体肤，空乏其身，行拂乱其所为，所以动心忍性，曾益其所不能。"干一番事业，必定要呕心沥血，意志坚强，甘于吃苦，勇于奉献，才能有所成就。用现在的话来讲，就是要有敬业精神。

★小故事

在拿破仑·希尔的《成功行动》一书里，有这样一个故事。在美国与西班牙的战争中，美国必须尽快跟西班牙的反对派军首领加西亚取得联系，但加西亚在古巴的丛林里，没有人知道他的确切地点。怎么办呢？有人

对美国总统说,有一个叫罗文的人,他有办法找到加西亚,也只有他才能找得到。他们把罗文找来,交给他一封信。罗文接过信后,没有问加西亚在什么地方、怎么找,把信藏好后,就划着一条小船出发了。四天后的一个夜里,罗文在古巴上岸,然后就消失在古巴的丛林中;三个星期以后,他从古巴岛的那一端出来,徒步走过了这个危机四伏的国家,把那封信交给了加西亚。面对大海捞针一样的境况,罗文竟然二话不说,拿起信就走了,这期间的重重困难可想而知,但是他却能圆满地完成任务,这是什么精神?这就是一种敬业精神。

敬业精神是人们基于对一件事、一种职业的热爱而产生的一种全身心投入的精神。雷锋之所以事事都做得出色,用他自己的话说就是"干一行,爱一行,专一行"。热爱是成功的基石,是行动的巨大内驱动力。"当一天和尚撞一天钟"虽然也是立足本职,但由于没有感情投入,最终也不能"得道"。

培育敬业精神,要求正确处理和职业所联系的"责、权、利"关系,主要包括以下几个方面内容:

一是牢固树立职业理想。每位职工都应该把自己的职业看成是为社会做贡献、为人民谋幸福、为企业创信誉的光荣岗位,看成是社会、企业运转链条上的重要环节。只有这样才能树立起富有时代精神、健康向上的职业理想和目标，并以最顽强、最持久的职业追求落实在职业岗位上。

二是准确设定岗位目标。高标准的岗位目标是干好本职、争创一流的动力。有了岗位目标，才能做到勤业精业，在本职工作岗位上创造性开展工作。

三是大力强化职业责任。发挥本职和岗位的职能、保持职业目标、完成岗位任务的责任，遵守职业规则程序、承担职权范围内社会后果的责任，实现和保持本岗位、本职业与其他岗位职业有序合作的责任，是职业责任的全部内涵。职业责任是主人翁意识的体现，作为企业的一员应视企业发展为己任，自觉履行职业责任和义务。

四是自觉遵守职业纪律。职业道德规范、企业的各项规章制度，是职业纪律的内容。规范执行是精心维护企业正常工作秩序的重要保证。优化职业作风，反对腐败和纠正不正之风，以职业道德规范职业行为。

2. 要有团队意识

团队意识是一种主动性的意识，将自己融入整个团队进行思考，想团队之所需，最大限度地发挥自己的作用，而不仅仅是服从命令，消极行动。前者可以促进团队的发展，而后者只是简单的拼凑。

相传，释迦牟尼曾问他的弟子："一滴水怎样才能不干

涵?"弟子们面面相觑,无法回答。释迦牟尼道:"把它放到大海里去。"个人再完美,也就是一滴水;一个团队、一个优秀的团队就是大海。

★ 小故事

2004年6月,拥有NBA历史上最豪华阵容的湖人队在总决赛中的对手是14年来第一次闯入总决赛的东部活塞队。赛前,很少有人会相信活塞队能够坚持到第七场。从人员结构来看,湖人队是一支由巨星组成的"超级团队",每个位置上的队员几乎都是全联盟最优秀的,再加上传奇教练菲尔·杰克逊对团队的整合,要在总决赛中将这样的团队战胜只存在理论上的可能性,更何况对手是一支缺乏大牌明星的平民球队。

然而,最终的结果却出乎所有人的意料,湖人队几乎无法做多少抵抗便以1:4的大比分败下阵来。湖人队的失败有其理由:"OK"组合争风吃醋,都认为自己是球队领袖,在比赛中单打独斗,全然没有配合;而马龙和佩顿只是冲着总冠军戒指而来的,根本就无法融入整个球队,自然也无法完全发挥作用。缺乏凝聚力的团队如同一盘散沙,其战斗力自然就大打折扣。

员工的内耗和冲突往往会使整个团队变得平庸,在这种情况下，1+1不仅不会等于2，甚至还会小于2。在工作团队的组建过程中，管理层往往竭力在每一个工作岗位上都安排最优秀的员工，期望能够通过团队的整合使其实现个人能力简单叠加所无法达到的成效。然而，在实际操作过程中，众多的精英分子共处一个团队之中反而会产生太多的冲突和内耗，最终的效果可能还不如单打独斗。

3. 要有创新意识

创新意识是指人们根据社会和个体生活发展的需要，引起创造前所未有的事物或观念的动机，并在创造活动中表现出的意向、愿望和设想。它是人类意识活动中的一种积极的、富有成果性的表现形式，是人们进行创造活动的出发点和内在动力，是创造性思维和创造力的前提。

创新意识包括创造动机、创造兴趣、创造情感和创造意志。创造动机是创造活动的动力因素，它能推动和激励人们进行创造性活动。创造兴趣能促进创造活动的成功，是促使人们积极探求新奇事物的心理倾向。创造情感是引起、推进乃至完成创造的心理因素，只有正确地创造情感才能创造成功。创造意志是在创造中克服困难、冲破阻碍的心理因素，创造意志具有目的性、顽强性和自制性。

创新意识与创造性思维不同，创新意识是引起创造性思维的前提和条件，创造性思维是创新意识的必然结果，二者

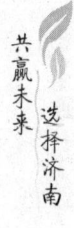

之间具有密不可分的联系。创新意识才是创造人才所必须具备的。

★ 小故事

一个犹太人如此教导儿子："我们唯一的财富就是智慧，当别人说 1＋1＝2 的时候，你就应该想到大于 2。"1974 年，美国政府为清理给自由女神像翻新而产生的大量废料，向社会广泛招标。但好几个月过去了，没有人应标，因为在纽约州，垃圾处理有严格规定，弄不好会受到环保组织的起诉。犹太人的儿子当时正在法国旅行，听到这个消息后立即终止了休假飞往纽约。看到自由女神像下堆积如山的铜块、螺丝和木料，他一言不发，立即与政府部门签下了协议。消息传开后，纽约的许多运输公司都在偷笑，他们认为废料回收吃力不讨好，能回收的资源价值也实在有限，这一举动实乃愚蠢至极。当这些人还在看笑话的时候，他已经着手组织工人对废料进行分类。他让工人把铜熔化，铸成小自由女神像，旧木料则加工成底座，废铜、废铝的边角料则做成纽约广场型的纪念钥匙扣，他甚至把从女神像身上扫下来的灰尘都包装起来，出售给花店。

这些废铜、边角料、灰尘都以高出它们原来价值的数倍乃至数十倍卖出，且供不应求。不到三个月的时间，他让这堆废料变成了350万美金，每磅铜的价格整整翻了1万倍。

商业化的社会永无等式可言，当你抱怨生意难做时，也许有人正为点钞票而累得气喘吁吁。这里面的奥妙就在于：你认为1加1等于2，而他则坚持1加1可以大于2。

4. 要有诚信意识

诚信是规范个人与个人、个人与社会之间相互关系的道德品质和行为准则。就个人而言，诚信是高尚的人格力量；就单位而言，诚信是宝贵的无形资产；就社会而言，诚信是正常秩序的运行基础。诚信是我们中华民族的传统美德，孔子认为，可以"去兵""去食"，而不可以无信。

★小故事

2007年10月15日，6500万元福彩大奖得主张先生独自一人到福彩中心领取大奖，在现场，他的一席话把焦点转到了他的员工身上。这位月薪800元的员工，在得知替老板购买的彩票中得巨奖后，不为所动，第一时间告知老板得奖情况，并将彩票交还给老板。

买彩票中巨奖本是一件好事，但为此有的夫妻离婚、朋友反目，乃至于父子争诉的新闻不时见诸报端。

在这种背景下，这名代买彩票的员工的诚信表现显得特别可贵。据张先生介绍，这位员工家庭生活条件相当艰苦，这与那些生活小康甚至大富大贵而背信弃义的人形成强烈反差，这种清贫而不忘恪守诚信的品格令人钦佩。

（二）科学文化素质

1. 沟通能力

沟通能力指一个人与他人有效进行沟通信息的能力，包括外在技巧和内在动因。其中，恰如其分的沟通和良好的沟通效益是人们判断沟通能力的基本尺度。恰如其分，指沟通行为符合沟通情境和彼此相互关系的标准或期望；沟通效益，则指沟通活动在功能表达上达到预期的目标，或满足沟通者的需要。

表面上来看，沟通能力似乎就是一种能说会道的能力，实际上它包罗了一个人从穿衣打扮到言谈举止等一切行为的能力。一个具有良好沟通能力的人，可以将自己所拥有的专业知识及专业能力进行充分的发挥，并能给对方留下"我最棒""我能行"的深刻印象。

人是社会动物，社会是人与人互相作用的产物。马克思指出，"人是一切社会关系的总和"，"一个人的发展取决于和他直接或间接进行交往的其他一切人的发展"。因此，沟通能力是一个人生存与发展必备的能力，也是决定一个人成功的必要条件。

★ 小故事

一位美国记者在采访周恩来总理的过程中，无意中看到总理桌子上有一支美国产的派克钢笔。那记者便用带有几分讥讽的口吻问道："总理阁下，你们堂堂中国人，为什么还要用我们美国产的钢笔呢？"周总理听后，风趣地说："谈起这支钢笔，说来话长，是一位朝鲜朋友的抗美战利品，作为礼物赠送给我的。我无功受禄，想拒收。朝鲜朋友说，留下做个纪念吧。我觉得有意义，就留下了这支贵国的钢笔。"美国记者一听，顿时哑口无言，本想挖苦周总理，反而使自己丢尽颜面。

一次，周总理设宴招待外宾。上来一道汤菜，冬笋片是按照民族图案刻的，在汤里一翻身恰巧变成了法西斯的标志。外宾见此，不禁大惊失色。周总理对此也感到很突然，但他随即泰然自若地解释道："这不是法西斯的标志！这是我们中国传统的一种图案，念'万'，象征'福寿绵长'，是对客人的良好祝愿！"接着他又

风趣地说:"就算是法西斯标志也没有关系嘛!我们大家一起来消灭法西斯,把它吃掉!"话音未落,宾主哈哈大笑,气氛更加热烈,这道汤也被客人们喝得精光。

2. 学习能力

学习能力就是学习的方法与技巧,有了这样的方法与技巧,学到知识后,就形成专业知识;学习到如何执行的方法与技巧,就形成执行能力。所以说学习能力是所有能力的基础。

"用大学四年时间学好专业知识并不重要,一门功课是否能考到90分以上也不重要!"唐骏做客上海财大,在一场主题为"成功与你同行"的报告中频出惊人之语,不过他对此补充说:"对于一名大学毕业生,学会快速学习更为重要,也就是在最短时间里掌握核心内容并迅速运用的能力。"引发在场同学议论和共鸣的是唐骏对大学阶段该如何学习的建议,他说:"如果你现在学习很好,请不必得意!如果考试成绩并不理想,也不必沮丧!"在唐骏看来,一个刚从大学毕业的优等生和普通生并没有太大区别,最重要的是快速学习的能力。"如果你能在3~5小时内看完一本书,并且能在现实生活中将其运用,这才是最重要的学习能力!"

柳传志说:"环境不断在变,需要不停调整战略,这要求很强的学习能力。学习能力30%来自书本，更多的一部分应该从自己的实践中获得。"

3. 应变能力

应变能力是指自然人在外界事物发生改变时所做出的反应，可能是本能的，也可能是经过大量思考后做出的。

应变能力是当代人应当具有的基本能力之一。在当今社会中，我们每个人每天都要面对比过去成倍增长的信息，如何迅速地分析这些信息，是人们把握时代脉搏、跟上时代潮流的关键。它需要我们具有良好的应变能力。另一方面，随着社会竞争的加剧，人们所面临的变化和压力与日俱增，每个人都可能面临择业、下岗等方面的困扰。努力提高自己的应变能力，对保持健康的心理状况是很有帮助的。

我们每个人的应变能力可能不尽相同，造成这种差异的主要原因，一方面可能有先天的因素，如多血质的人比黏液质的人应变能力强些。也可能有后天的因素，如长期从事紧张工作的人比工作安逸的人应变能力强些。因此，应变能力也是可以通过某种方法加以培养的。

对于应变能力强的人，要将自己的能力更好地服务于社会；而对于应变能力弱的人，在选择适合自己职业的同时，还要努力进行应变能力的培养。

★ 小故事

比尔与弗兰克同时进入一家公司工作。但进入公司一年后，弗兰克的工资增加了，而比尔却没有。对此，比尔愤愤不平地找到经理，问这是为什么。老板对他说："你和弗兰克的确有些不同，我让你看一看你们之间有什么不同。"他接着对比尔说："你到市场上去考察一下棉花的价格。"比尔应老板的要求去市场考察一番，回来告诉老板棉花的价格。老板接着问："市面上共有多少家卖棉花的店铺？"比尔摇摇头，表示不知道。老板对比尔说："你看看弗兰克是怎么干的。"接着老板叫来弗兰克，给他安排了同样的任务。弗兰克从市场上回来后，不但回答了棉花的价格，而且说明市场上有三家卖棉花的店铺，并了解了棉花的市场潜力；为了让老板清楚地了解情况，他还以要合作的名义，将棉花质量最好的一家店铺的老板请了过来。老板对比尔说："你看到弗兰克是怎么做的了吧？这就是你俩同时进入公司但工资却不同的原因。"

编后记

以"选择济南 共赢未来"为主题的就业、创业姊妹篇，经过材料收集整理、编辑修订终于要与读者见面了。在这两本书的成书过程中，山东省人力资源和社会保障厅党组副书记、副厅长、一级巡视员夏鲁青同志给予了高度重视和支持，并亲自作序；长期从事就业创业工作的金鲁峰、张弛、张良红等同志热忱撰文、改稿和提供材料，付出了辛勤汗水，对此均表示深深的谢意。

撰写本书，主要目的就是让广大青年才俊和高校毕业生提升职业素养，激发创业梦想，勇于社会实践，从而在建设社会主义现代化国家的新征程上，实现自己的人生价值。目前，全社会很多专家学者都在致力于这一时代课题的研究，诸如莫荣主编的《就业蓝皮书：中国就业发展报告（2020）》、景扬和彭万忠主编的《恪守职业道德提升职业素养》、彭华伟主编的《互联网背景下的创业基础与实践》、刘畅主编的《创业基础》、石建勋主编的《创业管理》等等，他们以强烈的使命担当默默为大学生就业创业提供着丰富的养分。正因为目标一致、使命一致，所以，在撰写过程中，我们参考吸取了其宝贵的资料，在此一并表示诚挚的感谢！

  同时，因编者水平有限，本书一定存在很多不足之处，恳请大家批评指正。

编 者
2021 年 1 月 29 日